ALAIN REMPFER

RÉUSSITES ET PATIENCES

SOLAR

Réussir une réussite

> « Il est bon de s'exercer sur les jeux de raisonnement, non pas pour eux-mêmes mais parce qu'ils servent à perfectionner l'art de méditer. »
>
> LEIBNITZ

Un certain nombre d'auteurs pense que les cartes à jouer ont été inventées en Orient, sans doute en Chine, aux alentours du XIIe siècle au cours de la deuxième période du règne de l'empereur Holi-Song. Vers l'an 1120 un mémoire fut proposé à l'empereur, lui présentant 32 tablettes d'ivoire qui n'étaient autres que les ancêtres de nos cartes, certaines étant relatives à la terre ou au ciel, d'autres à l'homme ou à des abstractions comme les principes moraux, les devoirs sociaux, l'harmonie, etc.

On trouve encore en usage chez les musulmans de l'Inde (Hindoustan) un jeu de 96 cartes réparties en 8 groupes de 12, chaque groupe représentant un signe répété sur les 8 cartes numérales.

Un article inscrit au registre de la chambre des comptes de l'année 1392, rédigé par Charles Poupat, argentier du roi Charles VI, fait remonter la confection des cartes à jouer en France au XIVe siècle :

« A Jacquemin Gringonneur, peintre, pour trois jeux de cartes à or et à diverses couleurs de plusieurs devises pour porter ledit seigneur roi pour son esbattement LVI sols parisis. »

Un texte un peu plus ancien atteste que le jeu était connu en Belgique à cette époque :

« Donné à Monseigneur et à Madame, le 14 mai 1379, 4 peters 2 florins, valant 8 1/2 moutons (1), pour acheter un jeu de cartes. » Vanceslas et Jeanne, princes régnant en Brabant, paient le 25 juin de la même année 2 moutons à Angé Van der Noet, pour un jeu de cartes que Madame la duchesse avait fait acheter chez lui.

Les jeux de cartes n'ont sans doute été inventés et divulgués que pour permettre à deux ou plusieurs personnes de s'affronter suivant un certain nombre de règles précises. Il semble que les réussites et les patiences furent bien postérieures à cet usage. Au préalable, on peut rapprocher cette activité de celle des devins qui, pendant tout le Moyen Age, ont joué un rôle très important dans la vie du peuple. Au XVIIe siècle, le métier de devin, affectionné par les bohémiens et les sarrasins, était fort lucratif. Le jeu de

(1) **Mouton d'or** : monnaie du pays de Brabant, frappée à Vilvorde en 1330, valant 15 sous tournois.

tarot, pour ses figures, était particulièrement apprécié. Les deux plus célèbres tireurs de cartes de l'histoire demeurent le garçon coiffeur du temps de la Révolution, Alliette (ou Eteilla), auteur du livre du « Thot », et Mme Lenormand. La Révolution est l'époque qui a suscité le plus grand nombre de devins. Les moyens traditionnels comme les miroirs magiques ou la baguette de coudrier furent discrédités au profit du jeu de cartes, d'usage pratique et peu onéreux, qui se développa considérablement.

Tolstoï dans « Guerre et Paix » fait allusion à une « patience » au cours d'une scène qui daterait de 1808.

Une lettre de 1816 rapporte que Napoléon Bonaparte, en exil à Sainte-Hélène, passait son temps à « faire des patiences ». Il en aurait inventé plusieurs qui portent son nom ou se réfèrent à sa carrière militaire.

Les plus anciennes patiences connues sont en fait toutes françaises : La Belle Lucie, La Nivernaise, Les Quatre Coins, L'Horloge, Le Carré Napoléon...

Faire une réussite consiste à passer le temps en s'occupant l'esprit, généralement parce que l'on est seul (aux Etats-Unis on appelle les jeux de patience **« solitaire games »**) mais aussi pour se changer les idées ou se reposer d'un travail astreignant.

L'époque n'est pas loin d'ailleurs (avant l'introduction du petit écran dans les foyers) où l'on passait la soirée en famille, grands-parents et petits-enfants réunis pour jouer à **la Bataille** ou faire des réussites.

Il est bien certain que faire une réussite aura toujours un arrière-fond divinatoire, probablement parce que dans une partie de cartes normale, on joue contre un partenaire qui n'est qu'un homme, alors que dans une « réussite » on affronte un inconnu qu'on ne voit pas, une sorte de puissance obscure et mal définie : quelque chose qui pourrait ressembler à la destinée.

Réussir une réussite sera toujours éprouvé comme une joie secrète, une approbation du destin envers nos espoirs et nos projets, alors que la perdre sera ressenti comme une déception, la désagréable impression d'être abandonné par son étoile.

Dans les pages qui suivent on trouvera de nombreuses réussites et patiences, certaines connues et d'autres moins. Les réussites identiques désignées quelquefois par des noms différents, porteront en sous-titre sous le nom principal que nous avons retenu, le ou les noms sous lesquels elles sont également connues.

Au début de chaque réussite une ligne résumera ses caractéristiques :

— son nom, éventuellement suivi de ses autres appellations ;

— le nombre de cartes nécessaire pour faire la réussite :

32 c. signifiant 32 cartes et 52 c. 52 cartes. A ce propos nous avons éliminé toutes les patiences faisant appel à deux jeux de 32 c. ou deux jeux de 52 c., considérant que nous entrons là dans le domaine de spécialistes à la recherche de nouvelles difficultés. Toutes les réussites que nous donnons peuvent être faites avec un

seul jeu courant de 52 c. que l'on pourra réduire à l'occasion à un jeu de 32 c.

— Ensuite un chiffre donnera le temps moyen nécessaire pour effectuer la réussite : 10 min. pour 10 minutes par exemple. On pourra ainsi, selon le temps dont on dispose, choisir des problèmes plus ou moins longs.

— Chaque réussite portera des étoiles de difficulté, de une étoile (★) à quatre étoiles (★★★★), la difficulté sera évaluée de façon croissante ; celle-ci ayant trait uniquement à **l'occupation d'esprit.** Une réussite présentant une difficulté évaluée à 4 étoiles nécessite beaucoup plus d'attention et de perspicacité qu'une réussite à 1 étoile. Cette difficulté n'ayant aucune relation avec la chance de la réussir qui sera évaluée par un rapport.

— 1/10 voudra dire qu'on aura une chance sur 10 de réussir sa patience alors qu'elle ne pourra comporter qu'une étoile de difficulté : elle pourra être facile à réaliser mais difficile à réussir, ces deux notions ne se recouvrant pas.

— Enfin, compte tenu des exigences de la vie moderne, en plus du temps nécessaire à la réalisation d'une réussite, on trouvera une indication sur la place requise :

p. pl. : veut dire que l'on a besoin de peu de place : une tablette d'avion ou de chemin de fer, un magazine posé sur ses genoux par exemple suffiront ;

pl. : signifie que la réussite demande une place moyenne (petite table de café...) ;

bp. pl : nécessite une grande table, de salle à manger par exemple.

Ainsi pour les caractéristiques de la réussite suivante on aura :

« Le Compte à Rebours »

(L'Appel, A l'Appel, L'Appel des Cartes, Le Sorcier.)

52 c. 10 min. ★★. 1 sur 50. (p. pl.).

Ces indications préciseront qu'un jeu de 52 c. est nécessaire, que 10 minutes est le temps moyen pour l'effectuer, qu'elle n'a que deux étoiles de difficulté (faible occupation d'esprit), qu'en revanche elle a très peu de chances de réussir (1 sur 50) et qu'elle nécessite peu de place.

Les termes

Voici les quelques termes utilisés et sur lesquels nous reviendrons souvent au cours de ces pages :

Couleur : au nombre de deux (Noir et Rouge). Grouper les cartes par couleurs voudra dire disposer les noires (pique, trèfle) avec les noires ou les rouges avec les rouges (carreau, cœur).

Familles : trèfle, cœur, pique, carreau.

Valeur : nombre marqué sur la carte. L'As valant 1 et, selon les cas, les figures valant 10, ou si cela est précisé le Valet = 11, la Dame = 12 et le Roi = 13.

Le tableau : disposition des cartes de la façon décrite pour chaque jeu, exemple : disposer 16 c. en 4 × 4 (4 rangées de 4 c.).

Les bases : ce sont les cartes sur lesquelles des séries vont être construites ; ces bases pouvant être tirées au préalable ou sorties du jeu au fur et à mesure des possibilités.

Séries ascendantes : à partir des bases disposer les cartes, selon les possibilités du jeu en séries ascendantes sur des As constituant les bases, poser (par familles si précisé) les 2, 3, 4, 5 etc.

Séries descendantes : sur les bases (Roi par exemple) construire une série descendante (Dame, Valet, 10, 9, 8...).

Talon : lorsque le tableau a été disposé, ce sont les cartes qui n'ont pas encore été distribuées.

Rebut : au contraire désigne les cartes qui n'ont pas pu être placées sur le tableau ou sur les bases. Selon les cas et suivant certaines modalités, ce rebut peut à nouveau être utilisé. En général garder des cartes au rebut n'est jamais une bonne chose.

Réserve : cartes placées en attente pour pouvoir être distribuées sur le tableau ou sur les bases.

Sorties : dans les réussites où le jeu consiste à « sortir » toutes les cartes, piles constituées à cette occasion.

Construction : disposer les cartes sur les bases ou sur le tableau suivant certaines règles :

— **Par valeur** (sans tenir compte des familles) : 9 ♢ sur 8 ♣, sur 7 ♠, etc.

— **Par famille :** Dame sur Valet sur 10 à la condition d'appartenir à la même famille (♢ par exemple).

— **Par couleur** : Noir sur Noir, Rouge sur Rouge.

— **En alternant les couleurs :** une carte rouge seulement sur une noire et une carte noire seulement sur une rouge.

Nous allons maintenant aborder les réussites sélectionnées et groupées de 5 façons différentes :

1) « **Pour débuter** » donne une variété de jeux de toutes sortes qui introduiront les débutants aux réussites et patiences.

2) « **Les Doubles** » ne proposent que des jeux faisant appel à des paires, des mariages, ou des groupements par deux.

3) « **Les Bases** » donnent un échantillon de jeux s'appuyant sur des bases (As ou autres) ; on verra qu'il en existe de nombreux.

4) « **Les Calculs** » sont destinés aux gens qui aiment calculer ou à ceux qui ont parfois de soudaines « envies » mathématiques.

5) « **Les Casse-Tête** » regroupent des jeux un peu plus compliqués que les autres et qui n'appartiennent à aucune des catégories précédentes. Cependant on trouvera également dans cette classe des étoiles de difficulté car on découvrira que certains jeux peuvent être plus « casse-tête » que d'autres.

1. POUR DÉBUTER

SORTIR LES FIGURES

52 c. 5 min. ★. 1 sur 10. (pl.)

Cette première réussite pour se faire la main, peut aussi convenir à de jeunes enfants qui ne savent pas encore lire les chiffres. Une fois le paquet battu, les cartes sont distribuées figures découvertes en 4 rangées de 4 cartes (16 c.). Une fois que les 16 c. ont été distribuées toutes les figures (Roi, Dame, Valet) sont « sorties » du jeu, les vides sont remplacés par d'autres cartes provenant du talon. Chaque fois qu'une ou plusieurs figures se re-présentent elles sont sorties à nouveau. Lorsque les 16 c. étalées, constituant le tableau ne présentent plus aucune figure, elles sont ramassées et mélangées au talon. On procède ensuite à une seconde distribution en continuant à sortir toutes les figures qui se présentent. Quand le jeu est bloqué on le mélange encore au talon et on recommence. On a droit en tout à **quatre** distributions. Si au bout de la quatrième, on ne trouve pas dans la pile de sortie les douze figures, on a perdu.

SORTIR LES FIGURES (variante)

32 c. 1 min. ★. 1 sur 15. (pl.)

Pour cette variante on aura pris soin de réduire le jeu de 52 c. à un jeu de 32 c. Une fois le paquet battu, la distribution est la même que dans le cas précédent (4 × 4). Les figures sont retirées au fur et à mesure dans une pile de sortie. Les vides sont remplacés par de nouvelles cartes en provenance du talon. Pour cette variante une seule distribution est permise. Lorsque le jeu est bloqué (les 16 c. exposées n'étant pas des figures) on regardera dans sa main le talon restant ; s'il y reste une ou plusieurs figures, la réussite sera perdue, s'il n'y en a aucune, elle sera gagnée. On comprendra vite que plus on réussira à exposer de figures lors de la distribution, plus les chances de gagner seront grandes.

LES AS ET LES ROIS

8 c. 1 min. ★. 1 sur 100. (p. pl.)

Un jeu simple mais très difficile à réussir pour les amateurs de causes perdues. Les quatre As et les quatre Rois sont retirés du jeu. Ces huit cartes sont bien mélangées. Tenues faces cachées dans la main gauche, elles sont distribuées de cette façon : la première carte est découverte sur la table, la seconde, toujours figure cachée est passée telle quelle au fond du paquet des sept cartes restantes ; la suivante est étalée, figure découverte à côté de la première ; la quatrième est placée sous le paquet, etc. jusqu'à ce que toutes les cartes aient été distribuées sur la table. Le but est d'obtenir une alternance parfaite des huit cartes : Roi, As, Roi, As, Roi, etc.

LES AS ET LES ROIS (variante I, par famille)

8 c. 1 min. ★. 1 sur 100 (p. pl.)

Les As et les Rois bien mélangés sont distribués de la façon précédente ; la première carte sur la table, la seconde sous le tas, la troisième sur la table, la quatrième sous le tas, ainsi de suite. A la différence du cas ci-dessus, les cartes qui seront étalées sur la table le seront côte à côte, par deux. En effet le but (non moins difficile à atteindre que le précédent) sera de faire se retrouver ensemble Roi et As par famille (Roi ♠ et As ♠, etc.).

DE L'AS AU ROI (variante II)

52 c. 1 min. ★. 1 sur 100. (pl.)

Une variante des deux précédentes, avec peu de chances de réussite.

13 cartes sont extraites du paquet (de l'As au Roi en passant par le 2, 3, 4, 5, 6, 7, 8, 9, 10, Valet, Dame). Il n'est pas nécessaire qu'elles soient de la même famille. Ces 13 cartes sont battues ensemble ; elles sont distribuées les unes après les autres de façon qu'elles se suivent en une série ascendante (de l'As au Roi) ou descendante (du Roi à l'As). La distribution se fera comme celle de I et II : la première sur la table, la seconde sous le paquet, la troisième sur la table, la quatrième sous le paquet, etc.

Elle pourra nécessiter peu de place en posant les cartes les unes sur les autres. On pourra l'interrompre dès les premières cartes lorsqu'on se rendra compte qu'aucune série ne peut être constituée.

Dans ces trois variantes les chances de réussir sont tellement minces que l'échec devra être considéré comme normal. Au contraire, c'est la « réussite » qui devra être considérée comme un prodige, comme une anormalité.

LE COMPTE A REBOURS

(L'Appel, A l'appel, L'Appel des Cartes, Le Sorcier)

Il existe plusieurs variantes de ce jeu ; les voici les unes après les autres. Toutes ont l'avantage de n'occuper que peu de place.

1) 52 c. 10 min. ★★. 1 sur 50. (p. pl.)

Une fois le paquet battu tout en distribuant les cartes il faut les énoncer dans cet ordre : Roi, Dame, Valet, 10, 9, 8, 7, 6, 5, 4, 3, 2, As. Chaque fois qu'une carte tirée coïncide avec une carte appelée on la sortira du jeu. On aura gagné si l'on parvient à sortir toutes les cartes du jeu sur la pile de sortie. On disposera pour cela d'autant de tours qu'il sera nécessaire ; le jeu ne devra jamais être battu en cours de partie, simplement si au bout de deux tours on n'a pas réussi à sortir de carte, on devra s'avouer perdant.

2) 52 c. 1 min. ★★. 1 sur 50. (p. pl.)

Cette variante du même jeu consiste au contraire en épelant les cartes de la même manière (du Roi à l'As) à essayer de ne rencontrer aucune carte nommée. Elle est plus rapide que la précédente car sitôt une carte rencontrée, la réussite est perdue. On verra qu'il est rare de gagner.

3) 52 c. 15 min. ★★. 1 sur 50. (p. pl.)

Le paquet battu, les deux premières cartes sont placées, figures visibles, au rebut ; la troisième est lue : si c'est un Valet par exemple, on distribuera les suivantes sur le rebut en énonçant ainsi pour chaque carte les lettres du mot : V.A.L.E.T. Seule la carte correspondant au T sera prise en considération. Si par hasard c'est un Valet on la sortira (pile de sortie), si c'est une autre carte, un 10 par exemple, on continuera à épeler les cartes en comptant à partir de la suivante : D.I.X., à X, on lira la carte, si c'est un 10, on le sortira, si c'est une autre carte, un 9 par exemple, on continuera : N.E.U.F., etc. Le but est d'arriver à sortir tout le jeu de cette façon. A la fin du premier tour le rebut constitué par les cartes qui n'ont pas pu être sorties est repris en main et, **sans être battu,** distribué à nouveau.

Ici également, si aucune carte n'a pu être sortie après deux tours, on devra reconnaître que la réussite est perdue. Chaque fois qu'une carte est sortie, le jeu reprend à la première carte visible du rebut. En supposant que sur le rebut se trouve un 2, on reprendra ainsi : D.E.U.X...

Lorsqu'on arrive à la fin du paquet et qu'une distribution n'est pas terminée par exemple pour 3 : T.R.O. On reprendra le rebut dans sa main et on recommencera à distribuer pour terminer le mot : I.S. A ce moment-là, en fonction de la carte tirée, le jeu continuera normalement. Ce n'est que si la fin d'un mot coïncide avec la fin du paquet que l'on reprendra le rebut en éliminant les deux premières cartes.

CACHE-CACHE

(La Devine, La Main du Destin, Les Voyageuses)

32 c. 5 min. ★★. 1 sur 15. (pl.)

Dans ce jeu les 32 cartes sont utilisées et distribuées sur 4 rangées de 8 cartes chacune, figures cachées. Une fois toutes les cartes étalées on conviendra que :

— la première rangée est celle des ♣
— la seconde rangée est celle des ♡
— la troisième rangée est celle des ♠
— la quatrième rangée est celle des ◇

On conviendra également de cet ordre pour que le jeu soit réussi (Fig. 1) :

7, 8, 9, 10, Valet, Dame, Roi, As.

Pour commencer, on retournera la dernière carte (à droite) de la 4e rangée (celle des ◇), supposons que ce soit le R ♠. Si l'on numérote les positions des cartes de 1 à 32 en partant de la première en haut à gauche pour arriver à la dernière en bas à droite, on posera le R ♠ à sa place définitive de la 3e rangée, 7e place (no 23). Le Roi remplacera une carte que l'on retournera : l'As ♣ qui ira à sa place en 8. On retourne la D ♡ qui va à sa place en 14. Le V ♣ va en 5 à la place de 7 ♡ qui va en 9, à la place de R ◇ en 31 à la place de 7 ♠ en 17...

Fig. 1 CACHE-CACHE

CACHE-CACHE (variante)

52 c. 5 min. ★★. 1 sur 10. (bp. pl.)

On utilise 52 cartes qui sont, elles aussi, toutes distribuées en 4 rangées de 13 cartes. Comme précédemment :

— la première rangée est celle des ♣
— la deuxième est celle des ♡
— la troisième est celle des ♠
— la quatrième est celle des ♢

L'ordre des cartes (dans chaque rangée) auquel il faudra parvenir sera le suivant :

As, 2, 3, 4, 5, 6, 7, 8, 9, 10, V, D, R.

A la différence du premier cas, on dispose de 4 cartes qui vont permettre d'amorcer ou de réamorcer le cours du jeu : ce sont les **quatre cartes** de droite, celles où prendront place les 4 Rois.

On commence le jeu par la dernière carte à droite, en numérotant suivant le même principe ; on retourne en premier la carte 52 :

c'est le 10 ♣, il va en 10
à la place de 10 ♠ qui va en 36
à la place de 7 ♡ qui va en 20...

MIDI

52 c. 10 min. ★★. 1 sur 50. (pl.)

Les 52 cartes sont distribuées, figures cachées, en 13 paquets de 4 cartes chacun ; 12 de ces paquets seront disposés en **cercle,** comme s'ils marquaient les heures d'une horloge et le 13e tas sera placé au centre (Fig. 2). Les cartes sont disposées sur la table en tournant à partir de 1 heure, 2, 3... jusqu'à midi, la treizième au centre, puis un second tour est fait, ainsi quatre fois. Il s'agit d'obtenir que toutes les cartes aillent par valeur à l'heure qui leur correspond :

les As à 1 heure,
les 2 à 2 heures, etc.
les Valets iront à 11 heures,
les Dames iront à midi,
les Rois, valant 13, iront au centre.

Il faudra donc obtenir 13 tas

Fig. 2 MIDI

groupés par valeur, les Rois au centre. Si des cartes devaient rester figures cachées et que le jeu soit bloqué, la réussite serait perdue.

Pour commencer, lorsque toutes les cartes ont été distribuées, on retourne la carte supérieure du 13e tas : en supposant que ce soit le 8 ♣, il ira sous la pile nº 8, figure visible ; en contrepartie on retournera la carte supérieure de la pile nº 8 :

soit le 3 ♡ qui va sous la pile nº 3

on retourne le 9 ◇ qui va sous la pile nº 9, etc.

A LA RECHERCHE DES TRÈFLES

52 c. 5 min. ★. 1 sur 10. (p. pl.)

Voici maintenant un jeu simple pour se reposer l'esprit. Cependant, ici encore, les chances de réussir sont relativement réduites.

Il faut battre le paquet et distribuer 15 cartes en 3 rangées de 5, figures découvertes. Ceci fait, on éliminera en constituant une pile de sortie, tous les **trèfles** qui se présenteront ; les vides seront comblés par des cartes en provenance du talon. Lorsque le jeu sera bloqué parce que plus aucun trèfle ne sera disponible, les 15 cartes seront posées sur le talon et le tout sera bien battu.

On disposera à nouveau 15 cartes (en 3 × 5) **une seconde fois.** Les trèfles, dans la mesure du possible, seront extraits et les vides comblés. Les 15 cartes restantes seront amalgamées au paquet et le tout sera encore mélangé.

Une troisième et dernière fois 15 cartes seront étalées, les trèfles seront sortis et les vides comblés.

A ce moment-là le jeu s'arrêtera ; on comptera les trèfles extraits ; s'il y en a 13 la réussite sera gagnée.

LA ROYALE

32 c. 5 min. ★. 1 sur 5. (p. pl.)

Le jeu consiste à sortir les 4 Rois en trois distributions de 13 cartes.

Le paquet mélangé est coupé, 13 cartes, fiqures découvertes, sont étalées. S'il se présente un Roi, il est extrait. Les cartes restantes sont mélangées au talon non utilisé, le tout est coupé. A nouveau 13 cartes sont distribuées, les Rois s'il s'en présente sont extraits et vont rejoindre le ou les précédents, le reste est encore mêlé au paquet, coupé, et on procède à **une troisième distribution** de 13 cartes.

A l'issue de cette opération les 4 Rois devront être groupés dans la pile de sortie, alors seulement la réussite sera gagnée.

LES HUIT PIQUES

32 c. 5 min. ★. 1 sur 3. (p. pl.)

Ce jeu simple consiste à tirer les cartes du paquet **trois par trois.** Lorsque dans un groupe de trois on trouve un pique, le paquet restera étalé sur la table ; dans le cas contraire, ces cartes seront écartées.

On s'arrêtera quand on n'aura plus que cinq cartes en main. On regardera alors dans les cartes distribuées sur la table et si l'on y trouve les huit piques on aura gagné, dans le cas contraire on aura perdu, ce qu'il sera facile de contrôler en regardant les 5 cartes restantes qui comprendront un ou plusieurs piques.

LES QUATRE AS

32 c. 5 min. ★. 1 sur 5. (p. pl.)

Le jeu battu, coupé, est distribué, figures cachées, en **4 paquets** de 8 cartes ; le premier paquet (en partant de la gauche) est retourné et toutes les cartes sont sorties jusqu'à ce que se présente un As. Le reste du paquet est alors retourné et posé (l'As contre la table).

La même chose est faite ensuite avec les 3 autres paquets et chaque fois que l'on rencontre un As on retourne le paquet sur le précédent de la même façon. Lorsque le quatrième paquet est épuisé, le tas contenant les As est repris tel quel **sans être battu** et distribué en **3 paquets.**

A nouveau le premier paquet est retourné et toutes les cartes sont éliminées jusqu'à ce que l'on rencontre un As. Le but du jeu est de faire sortir toutes les cartes et de réussir, à la fin, à grouper **les 4 As.** On disposera pour cela d'une troisième distribution en **2 paquets.** Quand ces 2 paquets auront été dépouillés de toutes les cartes possibles et réunis en un seul, ce dernier paquet sera retourné et étalé : il faudra que les 4 As soient groupés et qu'aucune carte étrangère ne vienne les séparer ; dans ce cas-là la réussite sera gagnée.

LE TOUR DU CERCLE

52 c. 5 min. ★★★. 1 sur 5. (pl.)

Pour cette patience toutes les figures sont retirées du jeu. Les cartes restantes sont battues et coupées. Les 12 premières sont distribuées, figures visibles suivant la même disposition que la réussite **Midi** (sans placer de cartes au centre). Le jeu peut commencer à n'importe quelle carte du cercle ; avec un peu d'entraînement on constatera que le choix de cette carte de départ déterminera l'issue du jeu. Cette première carte choisie est retournée et sa valeur sera prise en compte. Si c'est un 7 par exemple, on comptera 7 cartes à partir de la carte suivante. Cette opération peut avoir lieu indifféremment dans un sens ou dans l'autre. On verra, là aussi, que le choix du sens giratoire apparemment sans importance, va se révéler de plus en plus déterminant. La septième carte sera retournée et si c'est un 4 par exemple, 4 cartes seront comptées à partir de celle-ci, et ainsi de suite.

Il s'agit d'arriver à retourner toutes les cartes et donc de réfléchir particulièrement vers la fin sur le sens de rotation à adopter afin de ne pas se trouver bloqué. C'est pour cela que ce jeu comporte trois étoiles d'occupation d'esprit ; il nécessite réflexion et prévision.

LE THERMOMÈTRE

52 c. 2 min. ★. 1 sur 2. (pl.)

Le jeu battu et coupé, sept cartes, figures cachées sont distribuées en colonne, les unes au-dessous des autres. Au niveau de la 4e, un peu à droite on distribue une carte figure découverte (Fig. 3). Supposons que ce soit un 10 ♡ (dans ce jeu on tiendra compte seulement de la couleur et non de la valeur), on retourne la carte qui se trouve à côté du 10 ♡ distribué initialement ; si elle est rouge, le 10 ♡ (carte témoin correspondant à la hauteur du mercure) montera d'un degré, à côté de la carte immédiatement supérieure. Si celle-ci est noire (couleur contraire à celle du 10 ♡) la carte témoin descendra d'un degré. A nouveau la carte à côté de laquelle se trouve le 10 ♡ sera retournée ; si elle est rouge la température montera, si elle est noire la température baissera.

Au fur et à mesure du jeu, on sera conduit à passer et repasser devant des cartes qui auront déjà été retournées. Chaque fois que cela se produira on distribuera une carte provenant du talon sur la carte d'origine, et le jeu continuera suivant les mêmes règles :

- — couleur identique à celle du témoin : la température monte,
- — couleur contraire à celle du témoin : la température descend.

Pour réussir, il faut amener la carte témoin au-dessus des sept cartes de base. Si, en revanche, la température tombe au-dessous des sept cartes de base, la réussite sera perdue.

Il s'agit en fait de réussir à faire « exploser » le thermomètre !

LA LIGNE DES SEPT

52 c. 10 min. ★★. 1 sur 3. (p. pl.)

Pour commencer cette réussite il faut retirer les quatre 7 du jeu, les étaler devant soi, puis battre et couper le reste du paquet.

Le jeu consiste à tenir le talon dans la main gauche et à retourner les cartes au fur et à mesure. Il s'agit de disposer au-dessus de la ligne des 7, la ligne des 8 et au-dessous des 7, la ligne des 6, **par familles** (Fig. 4). Il faudra constituer au-dessus 4 séries as-

Fig. 3 LE THERMOMÊTRE

cendantes jusqu'aux Rois et au-dessous, 4 séries descendantes jusqu'aux As.

Chaque fois que l'on tirera une carte, on essayera de la disposer à la place qui lui revient ; les cartes déposées au tableau **devant obligatoirement se suivre,** en montant ou en descendant. Celles qui n'auront pas pu être utilisées seront mises au rebut. Lorsque tout

Fig. 4 LA LIGNE DES SEPT

le talon sera épuisé, le rebut sera distribué, sans être mélangé, une seconde fois. On aura droit en tout à **3 distributions.**

Si à la fin de la 3e distribution, on n'a pas réussi à disposer toutes les cartes sur le tableau en terminant les séries du haut par les Rois et celles du bas par les As, on aura perdu.

Si on ne dispose que de peu de place, tout le tableau pourra être ramené à trois lignes en laissant la ligne des 7 libre, en plaçant toute la partie supérieure du tableau sur la ligne des 8 et toute la partie inférieure sur la ligne des 6.

Le rebut sera constitué figure découverte. De cette façon, si besoin est, la carte supérieure pourra toujours en être utilisée. Cela permettra quelques fois à la fin de la 3e distribution de redresser une situation qui semblait irrémédiablement perdue.

LE POKER SOLITAIRE

52 c. 10 min. ★★★. 1 sur 50. (pl.)

Ce jeu consiste à distribuer, à partir d'un paquet de 52 cartes battu et coupé, 25 cartes en 5 rangées de 5.

On commence par n'étaler qu'une carte, figure découverte, la première du talon. Ensuite on en distribuera une deuxième qui devra toucher la première d'une quelconque manière, par la longueur, la largeur ou l'un des quatre coins. La position de cette deuxième carte et de toutes les suivantes jusqu'à la 25e devra répondre au souci de réaliser des séquences, des quintes, des floches, des paires, etc. Ces figures ne pouvant être réalisées que sur les lignes **horizontales ou verticales** et les cartes devant toujours se toucher les unes les autres.

Les cartes qui peuvent être disposées sur les lignes obliques pour dégager le jeu ne peuvent être comptabilisées.

Dans tous les cas, au fur et à mesure de la distribution, on devra veiller à ne pas dépasser le cadre final des 25 cartes (en carré de 5 × 5). Une fois placées, les cartes ne pourront être interverties ou changées.

Ce tableau constitué, alors commenceront les comptes. Chaque figure sera notée de cette façon :

Séquence Royale : série de 5 cartes d'une même famille, telle que : R ♠ D ♠ V ♠ 10 ♠ 9 ♠ .. .. 30 points

Poker : 4 cartes de même valeur .... 16 points

Quinte : 5 cartes se suivant (n'appartenant pas nécessairement à la même famille) .... 12 points

Full : (Brelan + Paire) l'une et l'autre à deux familles différentes .... 10 points

Brelan : 3 cartes de même valeur .... 6 points

Floche : 5 cartes de la même famille (ne se suivant pas) 5 points

Double paire : 2 × 2 cartes appartenant à deux familles 3 points

Paire : deux cartes de même valeur .... 1 point

On pourra se fixer comme point moyen à atteindre le total de 70. On dispose d'une chance sur cinq pour y parvenir. Faire plus de 100 est possible mais devient plus difficile.

2. LES DOUBLES

LES QUATRE FAMILLES (Les Quatre Couleurs)

52 c. 5 min. ★. 1 sur 5. (p. pl.)

Après avoir battu le paquet on distribue quatre cartes sur le tableau de cette façon :

exemple : 10 ♡ 3 ♠
D ♠ V ◇

Chaque paire appartenant à une **même famille** est retirée du jeu et va constituer la pile de sortie. Les vides sont remplacés par deux autres cartes provenant du talon. Ici par exemple 3 ♠ et D ♠ sont sortis et remplacés par 9 ♡ et 7 ♣ :

10 ♡ 7 ♣
9 ♡ V ◇

Maintenant 10 ♡ et 9 ♡ sont sortis et remplacés par deux nouvelles cartes :

2 ♡ 7 ♣
D ♡ V ◇

Le but est de parvenir à sortir toutes les cartes deux par deux et à ne jamais étaler devant soi 4 cartes appartenant aux 4 familles, dans ce cas-là on aurait perdu la réussite.

LES DUOS (Les Paires)

52 c. 10 min. ★. 1 sur 5. (p. pl.)

Pour effectuer cette patience, distribuer toutes les cartes du paquet, deux par deux en deux tas côte à côte :

tas n° 1 et tas n° 2

Chaque fois que l'on aura tiré deux cartes de même valeur (deux 7, deux 8, deux 10, deux Rois, etc.) on pourra les retirer du jeu.

Cette opération ne pourra être réalisée qu'avec deux cartes d'un même tour ; par exemple ayant distribué une carte en 1 et s'apercevant qu'elle a la même valeur que la carte précédente se trouvant en 2, on ne pourra pas retirer ces deux cartes mais on sera tenu d'en distribuer une nouvelle en 2 pour terminer le tour complet ; alors seulement on envisagera les valeurs.

On dispose d'autant de tours qu'il sera nécessaire pour sortir toutes les cartes du jeu, ou tout au moins jusqu'à ce que le jeu soit bloqué et que l'on ne parvienne plus à en sortir aucune.

Lorsque la première distribution sera terminée on prendra dans la main gauche le tas n° 1 (figures en haut) ; sur celui-ci on posera le tas n° 2, on retournera le tout et, sans mélanger les cartes, on procédera à la seconde distribution. A la fin de celle-ci on prendra le tas n° 2 sur lequel on posera le tas n° 1, on retournera le paquet et l'on recommencera.

Il se peut qu'au bout d'un certain nombre de fois — surtout si l'on va assez vite — on ne sache plus quel tas prendre en premier. On comptera donc simplement le nombre de distributions et on saura que chaque fois que l'on en sera à un nombre **pair** ce sera le tas n° 2 qu'il faudra prendre d'abord et chaque fois que ce sera un nombre **impair** ce sera le tas n° 1 que l'on prendra en premier.

Compte tenu de cette alternance, si le jeu se trouve bloqué, on ne s'avouera battu que si l'on n'a pas réussi à sortir de cartes au bout de **deux tours** complets.

LES DUOS (variante I)

52 c. 5 min. ★. 1 sur 5. (pl.)

Neuf cartes sont distribuées en 3 rangées de 3 cartes, figures découvertes. Chaque fois que deux cartes de **même valeur** se présentent au tableau, elles sont sorties du jeu. Les vides sont remplacés par des cartes provenant du talon. Le but recherché est de sortir toutes les cartes du jeu, afin de faire passer les 52 cartes du talon au rebut. Lorsque la situation sera bloquée, aucun duo ne pouvant être constitué, la réussite sera considérée comme perdue.

LES DUOS (variante II)

52 c. 5 min. ★. 1 sur 5. (pl.)

Du paquet battu et coupé nous tirons les quatre premières cartes, retournées, sur la table.

Supposons que ce soit :

6 ♠ 9 ♡ D ♡ 7 ♡

Le but est d'arriver, à partir de ces quatre cartes, à réaliser des « duos » avec les cartes du talon qu'on distribue une à une : nous tirons le R ♠ : il ne peut être utilisé et va au rebut. Nous tirons la D ♣ : nous la posons sur la D ♡ ; nous avons le droit de prendre le R ♠ (la carte supérieure du rebut) et de la poser sur le duo des Dames. Nous continuons à tirer : V ♠ : au rebut.

R ♣ va sur R ♠ ; V ♠ du rebut va sur R ♣...

A PETITS PAS (Saute-Mouton)

52 c. 10 min. ★★. 1 sur 3. (pl.)

Du paquet battu et coupé, on tire les 4 premières cartes que l'on dispose sur une ligne figures visibles. Ces cartes sont placées **de gauche à droite.**

Le jeu consiste à sortir toutes les cartes une à une en respectant les règles suivantes :

— seules la 4e carte (à droite) peut se déplacer,

— cette 4e carte ne peut sauter que par-dessus des cartes qui n'appartiennent pas à sa famille (un ♠ pourra sauter par-dessus les ♢, ♣, ♡), en un mouvement qui la portera **de droite à gauche,**

— lorsque cette 4e carte rencontre une carte de **sa famille** deux possibilités se présentent :

a) si elle est supérieure à la carte rencontrée, elle l'entraîne avec elle et elles sortent ensemble (un 10 fera sortir un 9, 8, 7...),

b) si elle lui est inférieure, elle se trouve arrêtée par elle, et la recouvre (un 10 sera arrêté par un V, une D, un R).

— Lorsqu'une carte est recouverte par une autre, le petit paquet ainsi constitué prend la valeur de la carte couvrant le paquet ; si une telle carte est en droit de sortir, elle entraînera avec elle tout le paquet.

— Quand une carte vient de sauter sur une autre (ou sur un tas) et qu'**à gauche** de ce tas se trouve une carte de même famille et de valeur inférieure elle ne pourra être tentée de sauter à nouveau sur elle et de l'entraîner à sortir.

— Chaque carte ne peut sauter qu'une fois.

— A chaque coup, une ou plusieurs cartes venant du talon sont distribuées pour combler les vides, **de la gauche vers la droite.** Supposons par exemple que nous ayons au début cette apparition des cartes :

6 ♢ R ♣ R ♠ 6 ♣

le 6 ♣ va sur le R ♣ ; la D ♢ remplace le 6 ♣

la D ♢ va sur le 6 ♢ et (lui étant supérieure) l'entraîne sur la pile de sortie. Les deux vides (1re et 4e cartes) sont remplacés par :

9 ♢ 6 ♣ R ♠ 3 ♠

le 3 ♠ va sur le R ♠ et se trouve bloqué par lui

le 8 ♠ le remplace, il va sur le 3 ♠ et entraîne toute la pile à sortir ; les vides sont remplacés, le nouveau tableau est :

9 ♢ 6 ♣ 10 ♣ 9 ♡

Le 9 ♡ saute les 3 cartes de gauche, et sort ; il est remplacé par le 2 ♠ qui sort, remplacé par A ♡ qui sort, etc

Si l'on a tiré en quatrième position une carte de même famille que les cartes en 2 et 3, elle ne pourra pas sauter pardessus (les cartes étant de même famille), on en distribuera une autre en cinquième position, et le jeu continuera comme précédemment.

Il faut arriver à ne plus avoir **aucune** carte au tableau ; les toutes dernières cartes se déplacent en entraînant les tas qu'elles surmontent. Il est bien certain que si deux cartes ou deux tas devaient rester au tableau sans être sortis, par exemple :

9 ◇ 8 ◇

le 8 ◇ ne pourrait pas sauter le 9 ◇ (étant de même famille), la réussite serait perdue.

L'ÉTAU

(Les Alliances, La Poussette, La Tenaille, Le Mariage Royal, L'Accordéon, Le Double Saut...)

52 c. 5 min. ★. 1 sur 100. (p.pl.)

Les trois premières cartes du paquet sont étalées sur la table. Il s'agit de parvenir à sortir le maximum de cartes qui répondraient aux conditions suivantes :

— être comprises entre deux cartes de même famille

— être comprises entre deux cartes de même valeur.

La carte enfermée dans cet « étau » sera sortie et les deux « mâchoires » seront rapprochées, une nouvelle carte étant distribuée à la droite des précédentes. Chaque nouvelle carte modifiant l'aspect du tableau, il faudra chaque fois reconsidérer le problème.

Dans certains cas le tableau s'allongera beaucoup mais il ne sera pas impossible de redresser la situation en tirant une bonne série qui permette de remonter jusqu'aux premières cartes.

Avec 52 cartes, le jeu étant tout de même assez difficile, il sera possible sur une ligne de 4 cartes par exemple, lorsque deux cartes de même famille (ou de même valeur) seront encadrées par deux cartes de même famille (ou de même valeur), de sortir les deux cartes du milieu.

Admettons que nous disposions de ce tirage :

2 ♠ A ♠ 7 ♣

aucune carte ne pouvant sortir, nous continuons à tirer :

2 ♠ A ♠ 7 ♣ 4 ♠

le 7 ♣ sort, nous rapprochons le 4 de l'As et nous voyons que l'A ♠ peut à nouveau sortir, etc

---

DOUBLE PROBLÈME

52 c. 5 min. ★. 1 sur 3. (pl.)

Le paquet est distribué, figures cachées, en douze tas de trois cartes. Une quatrième distribution est faite, figures découvertes, sur chaque tas. 48 cartes étant ainsi utilisées, les 4 cartes restantes sont conservées comme talon.

— Le jeu consiste à retirer les cartes deux par deux en les mariant **par valeurs** pour arriver à faire sortir ainsi tout le jeu. En sortant toute carte on découvre en la retournant celle de dessous ce qui peut permettre de nouveaux mariages.

Lorsqu'un tas de 4 cartes aura été épuisé, le vide sera comblé par une carte provenant du talon.

Malgré sa simplicité et sa faible occupation d'esprit il ne sera pas certain de réussir cette patience car en fin de jeu, alors qu'il ne restera plus que deux ou trois tas, des cartes peuvent rester emprisonnées dans un paquet sans qu'elles puissent être utilisées pour débloquer le jeu.

— Exemple d'un tableau de 12 cartes, sous chacune desquelles on supposera que 3 cartes sont retournées en attendant d'être découvertes :

5 ♡	4 ♠	A ♡	6 ♣
9 ♠	D ♠	9 ♡	10 ♠
10 ♡	3 ♠	4 ♣	3 ♡

sortent :

4 ♠ et 4 ♣ ; 3 ♠ et 3 ♡ ; 9 ♠ et 9 ♡ ; 10 ♠ et 10 ♡.

Les cartes cachées étant retournées, le nouveau tableau présente cet aspect :

5 ♡	10 ♢	A ♡	6 ♣
D ♢	D ♠	2 ♠	R ♢
2 ♢	A ♢	3 ♣	7 ♡

sortent : A ♡ et A ♢ ; D ♢ et D ♠ ; 2 ♠ et 2 ♢...

MONTE-CARLO

52 c. 10 min. ★★. 1 sur 8. (pl.)

Après avoir distribué de gauche à droite et de haut en bas (Fig. 5), 20 cartes en un tableau de 4 rangées de 5 cartes chacune, figures découvertes, on tentera de sortir **deux par deux** les cartes ayant **même valeur** à condition qu'elles se touchent :

— par la hauteur
— par la largeur
— par le coin.

En ce qui concerne les vides laissés par les cartes sorties il faudra procéder de deux façons :

— d'une part les combler avec les cartes provenant **du tableau lui-même** et **sans changer l'ordre dans lequel elles ont été distribuées.** Il faudra pour cela remonter les cartes **de bas en haut et de droite à gauche,** de manière que tous les vides laissés par les cartes sorties soient réunis dans la dernière, ou dans les deux dernières rangées.

— D'autre part, ceci étant fait, ces vides (à la suite les uns des autres) seront comblés par des cartes provenant du talon.

A nouveau, l'ordre des cartes ayant été bouleversé par ces deux opérations, on tâchera de reformer les doubles par valeurs, le but étant de parvenir à éliminer toutes les cartes en ne conservant aucune carte au tableau.

Deux cartes de même valeur, séparées par une autre qui s'en irait pour réaliser une combinaison, ne peuvent être considérées comme contiguës.

Battons les cartes, coupons et distribuons :

8 ♡	V ♢	4 ♡	3 ♠	2 ♢
10 ♣	R ♢	2 ♣	4 ♢	5 ♠
3 ♢	10 ♠	A ♣	2 ♠	10 ♡
7 ♢	4 ♣	4 ♠	5 ♡	5 ♣

sortent : 4 ♡ et 4 ♢ ; 10 ♣ et 10 ♠ ; 2 ♣ et 2 ♠ ; 4 ♣ et 4 ♠ ; 5 ♡ et 5 ♣.

Fig. 5 MONTE-CARLO

Maintenant les vides sont comblés par le tableau lui-même, en déplaçant les cartes, sans changer l'ordre dans lequel elles ont été distribuées, **de droite à gauche** et **de bas en haut :**

nouveau tableau :

8 ♡	V ◇	3 ♠	2 ◇	R ◇
5 ♠	3 ◇	A ♣	10 ♡	7 ◇

les deux rangées manquantes sont distribuées avec des cartes du talon,

nouveau tableau :

8 ♡	V ◇	3 ♠	2 ◇	R ◇
5 ♠	3 ◇	A ♣	10 ♡	7 ◇
D ♣	3 ♣	6 ♠	7 ♡	7 ♠
9 ♠	6 ♡	8 ♣	A ♡	V ♡

sortent : 3 ◇ et 3 ♠ ; 7 ◇ et 7 ♠ ; 6 ♠ et 6 ♡...

MARIAGE

52 c. 10 min. ★★. 1 sur 10. (pl.)

Il s'agit de distribuer 16 cartes, figures cachées, en 4 rangées de 4. Sur ces 16 cartes, sont distribuées 16 autres cartes, figures découvertes. Le reste du paquet est éliminé car il ne sera d'aucune utilité.

Ce sont ces 32 cartes tirées au hasard que nous devrons essayer de sortir **par paires, par valeur et par couleur** (les As noirs ensemble, les Valets rouges ensemble, etc.). Lorsque des cartes ont été éliminées, les cartes de dessous sont libérées et peuvent être retournées, figures visibles. A nouveau il faut procéder aux mariages possibles.

Si le jeu est bloqué, on pourra retourner les tas de deux cartes

Fig. 6 MARIAGE

encore intacts à la condition d'intervertir la position des cartes en faisant passer la carte de dessous (figure cachée) dessus, figure visible, celle-ci devenant donc utilisable. Cette opération ne pourra être réalisée qu'une seule fois pour chaque tas qui sera placé de travers pour les différencier des autres (Fig. 6). Ainsi de nouvelles possibilités naîtront qui pourront débloquer le jeu.

Le but à atteindre est difficile, il consiste à éliminer toutes les cartes du tableau.

Si nous avons cette distribution :

D ♣	10 ♡	A ♣	4 ♡
2 ♡	9 ◇	2 ◇	6 ◇
8 ♠	R ♣	7 ♠	D ◇
9 ♡	8 ◇	8 ♡	R ♠

sortent : 2 ♡, 2 ◇ ; R ♣, R ♠ ; 8 ◇, 8 ♡ ; 9 ◇, 9 ♡ ;

nouveau tableau :

D ♣	10 ♡	A ♣	4 ♡
A ♠	2 ♠	V ◇	6 ◇
8 ♠	R ♡	7 ♠	D ◇
5 ♡	3 ♡	7 ◇	7 ♡

sortent : A ♣, A ♠ ; 7 ◇, 7 ♡...

LES PAIRES ET LES PAIRS

52 c. 15 min. ★★. 1 sur 10 (p.pl.)

Voici une réussite peu compliquée qui nécessite tout de même une certaine attention.

Le paquet battu et coupé, les cartes seront distribuées deux par deux, sur deux rangs, de façon à ce que 4 cartes soient étalées en carré, à chaque tour. Il faudra alors comparer le total des points de chaque groupe horizontal de deux cartes. L'As vaudra 1, chaque carte comptera pour sa valeur numérale, le Valet 11, la Dame 12 et le Roi 13. Le but sera donc d'obtenir un total identique pour les deux rangées. Si tel est le cas par exemple :

5 ♠	10 ♣	= 15
9 ◇	6 ♠	= 15

Les 4 cartes seront sorties du jeu, elles seront remplacées par 4 autres cartes toujours distribuées deux à deux jusqu'à ce que d'autres cartes puissent être éliminées ou jusqu'à épuisement du paquet. Alors, les tas du bas seront posés sur ceux du haut et celui de droite sur celui de gauche : **on procédera toujours de cette façon.**

Retournant le paquet dans sa main, on recommencera la distribution. Lorsqu'on aura réussi à réaliser un total identique **pair,** on aura le droit de retirer du jeu, en plus de ces 4 cartes formant ce total, les 4 autres cartes se trouvant immédiatement dessous.

Il faudra parvenir ainsi à sortir tout le jeu.

NESTOR

52 c. 5 min. ★. 1 sur 10. (pl.)

Il faut distribuer 6 paquets de 8 cartes chacun. Ces cartes seront étalées figures découvertes et chaque tas sera constitué l'un après l'autre, en veillant à ce que deux cartes de même valeur ne se trouvent pas dans le même paquet. Si cela se produisait, on éliminerait la seconde en la replaçant au fond du talon et en la remplaçant par une nouvelle carte.

Ces six paquets constitués (6 × 8 = 48), les 4 cartes restantes seront mises au rebut, étalées toutes quatre figures découvertes, de manière à pouvoir être utilisées à n'importe quel moment.

Il faudra, en se servant seulement des cartes supérieures des 6 paquets, former des doubles **par valeur,** sans tenir compte des familles ni des couleurs. Eventuellement on pourra se dépanner avec une ou plusieurs cartes du rebut, pour former des combinaisons. Les doubles réalisés seront sortis et le but sera de réussir à faire sortir ainsi tout le paquet. On se rendra compte que la tâche n'est guère aisée.

DEUX PAR DEUX

52 c. 10 min. ★★. 1 sur 15. (pl.)

Dans ce jeu, on distribuera les 52 cartes en 13 paquets de 4 cartes chacun ; deux rangées de 5 paquets et une de 3. Dans chaque paquet 3 cartes seront distribuées figures cachées et la dernière figure découverte.

Ceci fait il faudra procéder à tous les mariages possibles **par valeur et par couleur** à la fois (les 7 rouges, les 2 noirs, etc.) en utilisant seulement les cartes supérieures de chaque paquet.

Le but sera de sortir les 52 cartes. Chaque carte sortie libérera la carte de dessous qui sera retournée et deviendra utilisable.

Bien que l'on dispose de 13 possibilités (13 paquets par rapport à **Nestor** où l'on ne disposait que de 6 paquets) les mariages devant se faire maintenant **par valeur et par couleur,** il se produira souvent que le jeu se trouve bloqué, plus aucune combinaison ne pouvant être réalisée.

Alors on pourra utiliser une solution de secours : si deux cartes présentent la même valeur mais n'ont pas la même couleur, le mariage ne pourra pas être effectué. Cependant, on pourra retourner entièrement (comme dans la réussite **Mariage**) **les deux paquets** dont les cartes supérieures ont même valeur mais sont de couleurs différentes. Ceci fera apparaître deux nouvelles cartes qui pourront certainement débloquer le jeu. La partie reprendra à nouveau et les autres cartes seront retournées successivement comme précédemment.

Lorsque le jeu sera bien avancé le cas suivant se produira : d'un paquet de 4 cartes il ne restera plus qu'une carte qui aura la même valeur (mais pas la couleur) de la carte supérieure d'un autre paquet ; on ne retournera alors que le paquet de plusieurs cartes. Malgré cela on constatera que les chances de réussite sont relativement faibles.

LE TRANSIT (La Zigzaguée)

32 c. 10 min. ★★. 1 sur 5. (pl.)

On étale 16 cartes en 4 rangées de 4 cartes en quinconce (Fig. 7), faces découvertes.

Il faut parvenir à **grouper** tout le reste du paquet sur les 16 cartes de base en réalisant des mariages à la fois **par valeur et par couleur.**

Toute la difficulté réside dans le fait que les cartes doivent se déplacer en fonction de certaines règles particulières :

— d'abord lorsqu'on aura étalé les 16 cartes de base, on tâchera de réaliser des mariages (par valeur et par couleur) en déplaçant les cartes du tableau lui-même du haut vers le bas ;

— en ce qui concerne les mouvements du tableau, les cartes ne pourront se déplacer qu'en diagonale, sur celles qu'elles touchent **par les coins** et à condition de ne **jamais passer deux fois de suite sur une couleur opposée à la leur ;**

— elles devront toujours s'arrêter sur une carte de la **même rangée** ou **d'une rangée inférieure ;**

— elles pourront passer autant de fois qu'on le désire sur des cartes de leur propre couleur ; à partir du moment où les règles du déplacement sont respectées, tous les aller et retour (même ascendants) sont permis.

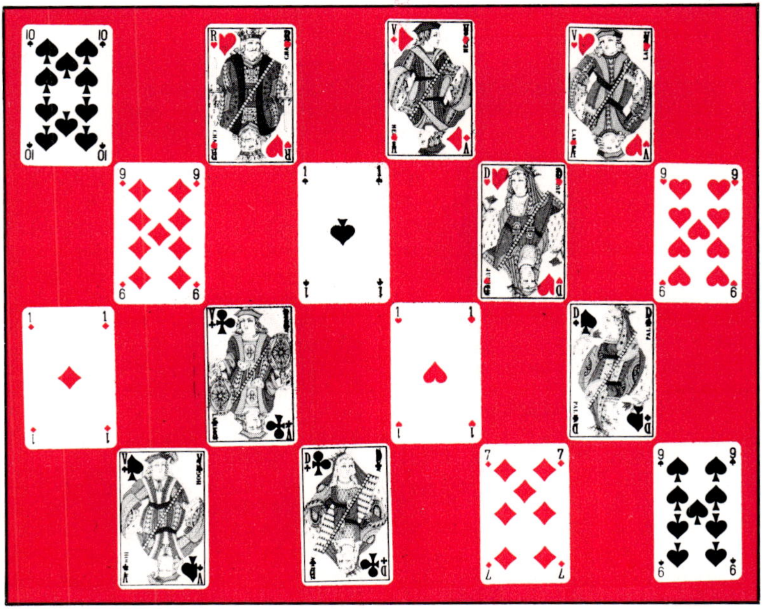

Fig. 7 LE TRANSIT

— Quand plus aucune carte du tableau ne pourra être déplacée, les vides seront comblés par des cartes du talon, en distribuant de gauche à droite et de haut en bas.

— Les cartes provenant du talon devront obligatoirement commencer leur voyage par **la première rangée** et par une carte de **leur couleur.**

— A nouveau, toutes les combinaisons possibles sont réalisées.

— Toute carte tirée du talon et qui ne trouvera pas sa place sera mise au rebut, figure visible.

— La carte supérieure de ce rebut pourra, s'il se présente une case vacante, être utilisée par priorité avant celles du talon.

Prenons un exemple, supposons que nos 16 cartes de base soient les suivantes :

10 ♠ R ♡ V ♢ V ♡
9 ♢ A ♠ D ♡ 9 ♡
A ♢ V ♣ A ♡ D ♠
V ♠ D ♣ 7 ♢ 9 ♠

Compte tenu des règles énoncées, à la première rangée le V ♢ peut aller sur V ♡ (ou vice-versa) en passant par la D ♡.

A la troisième rangée, A ♡ peut aller sur A ♢ en passant par A ♠, R ♡ et 9 ♢.

Aux deux dernières rangées, V ♣ sur V ♠.

D'autres cartes pourraient être déplacées mais les vides doivent d'abord être comblés afin de permettre ces mouvements.

Nouveau tableau :

10 ♠ R ♡ 7 ♡ V ♢
9 ♢ A ♠ D ♡ 9 ♡
A ♡ R ♠ 10 ♣ D ♠
V ♣ D ♣ 7 ♢ 9 ♠

10 ♠ en transitant par 9 ♢, R ♠, D ♣ va sur 10 ♣ ;
9 ♢ en transitant par R ♡, A ♠, 7 ♡, D ♡, V ♢, va sur 9 ♡ ;
D ♠ en transitant par 7 ♢, 10 ♠, va sur D ♣ ;
7 ♡ en transitant par D ♡, 10 ♠, va sur 7 ♢...

3. LES BASES (*)

BASE « UNE »

52 c. 10 min. ★★. 1 sur 20. (pl.)

Pour s'initier aux **bases** voici une patience facile à étaler mais difficile à réussir.

Il faut distribuer, figures découvertes, 35 cartes en 5 rangées de 7. Chaque rangée viendra mordre un peu sur la rangée immédiatement supérieure.

La 36e carte sera découverte un peu à l'écart du tableau ; ce sera la base sur laquelle nous allons essayer de construire tout le jeu (tableau et talon restant compris).

Pour ce faire, nous ne pouvons utiliser du tableau que les 7 cartes du bas de chaque colonne.

Il nous faudra construire sur cette base, des séries ascendantes ou descendantes où les cartes se succéderont **par valeur,** sans prêter attention ni aux familles ni aux couleurs. Ces séries pourront être ascendantes ou descendantes et changer de sens autant de

(*) Voir ce terme au début.

fois que cela sera nécessaire.

Lorsque le jeu sera bloqué on aura la possibilité de se servir des cartes du talon qui ne devront être utilisées que sur la base, et **non sur le tableau.** Si les cartes provenant du talon ne peuvent trouver leur place sur la base, elles iront au rebut ; la première carte de ce dernier pourra être reprise, selon les besoins, pour aller sur la base.

DANS LES COINS

52 c. 10 min. ★★. 1 sur 5. (p. pl.)

Cette réussite consiste à retirer les 4 As du paquet et à les disposer en carré. Les 4 premières cartes sont ensuite distribuées aux coins de chaque As de ce carré (Fig. 8), figures découvertes.

Il faudra se servir des As comme de 4 bases sur lesquelles on tentera de construire **par couleur** (sans prêter attention aux familles) des **séries ascendantes** allant de **l'As au Roi.**

On distribuera les cartes par tour complet de quatre en commençant au même endroit (par exemple : 1re carte en haut à gauche et les suivantes en tournant dans le sens des aiguilles d'une montre), avant d'envisager les combinaisons possibles.

C'est parmi ces 4 cartes en coin (qui, lorsqu'elles n'auront pas pu être utilisées, vont constituer les piles d'attente), que vont être piochées les cartes permettant de construire les séries ascendantes sur les As.

Il faudra, au début, trouver un 2, puis un 3, etc. Les noirs allant sur les noirs et les rouges sur les rouges.

Dans une pile d'attente, une carte dévoilée par une autre qui va à la place qui lui revient, devient disponible.

On disposera pour réussir de **deux distributions supplémentaires.** On ramassera les piles d'attente dans l'ordre de la distribution, **sans les mélanger.**

A			B
	As ♠	As ♡	
	As ◇	As ♣	
D			C

La pile A allant sur la B, le tout allant sur la C et l'ensemble allant sur la D.

Le paquet sera repris en main et redistribué en tours de 4 cartes. On constatera que deux distributions supplémentaires sont quelquefois insuffisantes pour réussir cette patience, qui n'en comportait qu'une à l'origine.

L'ANCIENNE PATIENCE

52 c. 10 min. ★★★. 1 sur 5. (pl.)

Voici une des plus vieilles patiences, désarmante par sa simplicité apparente et par sa difficulté relative de réussite. C'est un jeu qui fait beaucoup travailler l'esprit car les rebuts sont libres.

Le but est de sortir les 4 As au fur et à mesure qu'ils se présentent, pour servir de bases à partir desquelles on va construire des **séries ascendantes par valeurs,** sans tenir compte ni des familles ni des couleurs.

Si l'on ne tire pas d'As ou bien si l'on tire des cartes qui ne peuvent pas être déposées sur

Fig. 8 DANS LES COINS

des As ou à la suite de séries, on les placera sur la table en **six colonnes-rebuts** (cartes se chevauchant). La particularité de ces rebuts est que les cartes peuvent être déposées les unes sur les autres sans souci d'appartenance à une famille ou à une couleur et dans n'importe quel ordre.

Cependant,

— d'une part, seules, les cartes supérieures de chaque rebut peuvent être utilisées pour aller sur les bases (As),

— d'autre part les cartes d'une colonne (rebut) ne peuvent pas se déplacer sur une autre colonne.

Autrement dit, il apparaîtra que selon l'expérience et la réflexion dont on aura fait preuve, on aura pu s'enferrer soi-même en enfermant des cartes dont on ne pourra pas disposer pour débloquer le jeu. C'est là que la prévision jouera et par là même que variera la proportion de réussite, moyennement évaluée à 1 chance sur 5.

Prenons un exemple de début de partie : du paquet battu et coupé nous tirons :

— D ♡ (va constituer le 1er rebut),

— 8 ♡ (8 ♡ est inférieur à D ♡, or devant commencer les séries à partir des As, en débutant par le 2..., nous aurons besoin du 8 ♡ avant la D ♡ ; donc il vaut mieux emprisonner la D ♡ par le 8 ♡ qui, lorsque nous l'utiliserons, débloquera la Dame : 8 ♡ va sur D ♡)...

LA CARTE CACHÉE

52 c. 10 min. ★★★. 1 sur 10. (pl.)

Comme le précédent, ce jeu demande beaucoup de réflexion et de prévision du déroulement des opérations.

Du paquet battu et coupé on tire la première carte que l'on pose à l'écart, sans la regarder. Ce sera la carte cachée. Ensuite, **sept** cartes seront distribuées figures découvertes, pour constituer les 7 rebuts. Si un ou plusieurs As se présentent, ils seront extraits et iront servir de bases sur lesquelles on construira des **séries ascendantes,** de l'As au Roi, **par familles.**

On distribue ensuite le paquet ; les cartes qui n'auront pas pu trouver de place sur les bases, iront directement du talon aux rebuts. Comme précédemment cette disposition des cartes sur les rebuts sera laissée à la libre décision de chacun. On aura tout intérêt (bien que cela ne soit pas obligatoire) à essayer de faire des séries descendantes sur ces rebuts libres, et si possible par familles. Ainsi on bloquera un minimum de cartes basses dont on aura un besoin immédiat.

Par rapport à **l'Ancienne Patience,** la difficulté de réussir celle-ci (1 sur 10 contre 1 sur 5), vient de ce que d'une part une carte est cachée qui peut être basse (un 2 ♣, par exemple) et bloquer de cette façon toute une série et donc souvent le jeu tout entier et, d'autre part, du fait que l'on doive construire des séries par **familles,** ce qui limite les possibilités de dégagement.

Le but sera de réussir à répartir toutes les cartes par familles, en ordre ascendant.

On ne pourra découvrir la carte cachée que lorsque le talon sera épuisé ; ceci ne suffira peut-être même pas à faire repartir le jeu.

Dans tous les cas, une seule distribution est autorisée ; cependant ce jeu, comme le précédent, est intéressant dans la mesure où il ne fait pas uniquement intervenir la chance. Si l'on sait disposer habilement ses cartes sur les rebuts, on pourra se tirer d'affaire dans de nombreux cas.

BRISTOL

52 c. 20 min. ★★. 1 sur 15. (bp. pl.)

Ce jeu nécessite beaucoup de place car trois espaces différents doivent être délimités (Fig. 9) :

1) **le tableau**
dans cet espace on distribuera, figures découvertes, 24 cartes, 3 par 3, en 8 groupes, de manière à ce que chacune des 3 cartes chevauche légèrement sur celle qui est dessous ;

2) **le rebut**
sera amorcé par 3 cartes étalées dans ce second espace ;

3) **les bases**
le but du jeu étant de sortir les As pour servir de bases, on réservera un 3e espace pour cette construction.

Le déroulement de cette patience nécessitera que l'on sorte du tableau, les As qui seraient au sommet de chaque groupe de 3 cartes. Les As qui se trouveraient au rebut (en 3 piles), seront également disposés dans l'espace des bases.

— Les cartes seront distribuées 3 par 3 à partir du talon et iront

Fig. 9 BRISTOL

sur les 3 premières cartes du rebut. De là, dans la mesure du possible elles iront sur les bases.

— Aucune carte supplémentaire ne sera posée sur le tableau.

— On construira sur les bases des **séries ascendantes** de l'As au Roi, **par couleurs,** sans tenir compte des familles.

— Lorsqu'un groupe de 3 cartes du tableau sera épuisé, il ne sera pas remplacé par de nouvelles cartes.

— Quand tout le talon sera épuisé on prendra le rebut en main, toujours de la même façon, le premier paquet sur le second, puis sur le troisième, le tout retourné dans la main, **sans le battre.**

— On distribuera à nouveau les cartes, 3 par 3.

— Le rebut pourra servir autant de fois qu'il sera nécessaire, jusqu'à ce qu'on tourne en rond sans plus parvenir à sortir de cartes. D'ailleurs, en regardant le tableau on se rend compte que le jeu est bloqué parce qu'une petite carte se trouve emprisonnée par une carte de même couleur mais de valeur supérieure.

Bristol est une réussite où il faut faire attention à tout et tout suivre en même temps : les cartes nécessaires sur les bases, celles que l'on peut utiliser sur les rebuts, celles du tableau, celles que les cartes sorties découvrent...

D'autre part, il ne faudra pas trop se précipiter pour tenter de terminer une série ascendante dans une couleur donnée, car on pourrait ainsi s'enferrer en laissant des cartes enfermées que l'on ne pourra plus débloquer.

Il vaudra mieux progresser à peu près régulièrement sur tous les fronts et ne pas hésiter à faire tourner le rebut autant de fois qu'on en aura besoin, ni se précipiter sur toutes les occasions car cela permettra quelquefois de ne pas se fermer des possibilités.

FASCINATION (Démon, Treize...)

52 c. 20 min. ★★★. 1 sur 30. (pl.)

Une réussite classique qui fait pleinement appel au principe des bases et qui nous fait faire connaissance avec le système de **l'alternance** des couleurs. Au moment où il sera demandé de le réaliser (au tableau), nous aurons à disposer les cartes en séries descendantes en alternant les couleurs. Cela voudra dire que sur un V ♡ (rouge), par exemple, nous devrons poser un 10 noir, puis sur ce 10, un 9 rouge, suivi d'un 8 noir, etc.

Il s'agit d'abord de constituer une pile de réserve de 13 cartes distribuées figures cachées ; la 14e carte sera retournée sur cette pile. La carte suivante sera découverte en haut et à droite de cette réserve : ce sera la 1re base (Fig. 10). Ensuite, à droite de la réserve 4 cartes seront distribuées figures découvertes : ce sera le tableau.

Nous avons donc quatre éléments :

— la pile de réserve : 13 cartes cachées, la 14e visible,

— une carte de base,

Fig. 10 FASCINATION

— le tableau : 4 cartes,

— le talon (le reste du paquet).

Le but de cette patience est, au fur et à mesure de la distribution du talon, de parvenir à sortir les trois autres bases qui devront être de **même valeur** que la première et qu'on posera à côté de celle-ci, au-dessus du tableau. Sur ces bases on devra constituer des séries **ascendantes par familles** de l'As au Roi, le Roi étant compris entre la Dame et l'As. Si la base est 4, par exemple, la série sera : 4, 5, 6, 7, 8, 9, 10, V, D, R, 1, 2, 3.

— Sur le tableau on devra construire des **séries descendantes** en **alternant les couleurs** (8 ♡, 7 ♠, 6 ◇, 5 ♠, 4 ◇, 3 ♣, 2 ♡, etc.).

— Le talon sera distribué par groupes de 3 cartes, la carte supérieure étant seule utilisable. Ce talon, une fois épuisé sera repris autant de fois que cela sera nécessaire **sans être mélangé.**

— La carte supérieure de la réserve pourra être placée sur les bases ou sur le tableau ; cela permettra de découvrir la carte suivante.

— Seules les cartes du bas des colonnes (au tableau) peuvent être utilisées sur les bases.

— Si cela arrange la situation, une carte du tableau (utilisable) ou même un groupe de cartes d'une colonne peuvent être déplacés comme une seule carte sur une autre colonne.

— Si une colonne est ainsi vidée de ses cartes, la première carte de la réserve ira commencer la nouvelle colonne.

— Lorsqu'on distribue les cartes du talon 3 par 3, une carte qui se déplace libère celle qui est dessous.

FASCINATION (variante I)

Une première variante du jeu consiste à ne pas distribuer les cartes du talon 3 par 3, mais **une par une ;** cela permet d'exploiter au mieux toutes les possibilités du talon et de progresser plus vite pour épuiser la réserve.

FASCINATION BASES AS (variante II)

(Le Magasin)

Cette autre variante s'effectue en retirant préalablement les As pour s'en servir de bases. Le reste du jeu est le même ; constructions **ascendantes par familles** sur les As (de l'As au Roi) et descendantes sur le tableau (tiré au hasard en alternant les couleurs. Le talon peut être distribué 3 par 3 ou 1 par 1.

FASCINATION JOKER (variante III)

Un joker mélangé au jeu donne une troisième variante. Lorsque le joker apparaît, il peut prendre n'importe quelle place pour débloquer le jeu. Au moment où la carte remplacée par le joker apparaît, on la met à sa place, le joker étant retiré du jeu.

Si le joker apparaît au moment d'étaler la 1re base, donc de déterminer la valeur de toutes les autres, on aura le libre choix de la valeur à leur attribuer.

Cette variante combinée avec les bases As et les distributions de talon en 3 × 3 ou en 1 × 1 offre davantage de possibilités.

LA BELLE LUCIE (Alexandre le Grand, Les Petits Paquets...)

52 c. 15 min. ★★. 1 sur 10. (bp. pl.)

Pour commencer on distribuera toutes les cartes, figures découvertes, en 17 paquets de 3 cartes (17 × 3 = 51) ,la carte restante sera déposée à côté des autres et pourra être utilisée par la suite. En étalant les paquets de 3 cartes, on s'arrangera pour que les cartes se chevauchent légèrement, celle du milieu sur celle de gauche et celle de droite sur celle du milieu (Fig. 11). Ainsi, seule la carte de droite sera disponible.

Il s'agit de sortir les **As,** lorsqu'ils se présentent, à droite d'un paquet et de les aligner un peu

Fig. 11 LA BELLE LUCIE

à l'écart du tableau pour servir de **bases** sur lesquelles on construira des séries **ascendantes par familles,** de l'As au Roi.

— Seules les cartes de droite peuvent être déplacées.

— Deux sortes de déplacements sont possibles :

- sur les bases
- sur un autre paquet du tableau à condition que la carte de droite sur laquelle va se poser la carte soit de même famille et immédiatement supérieure en valeur (exemple : un 7 ♣ pourra se poser sur un 8 ♣, le 7 ♣ deviendra alors la seule carte disponible du paquet) ; il faudra faire des séries **descendantes par familles** sur la carte de droite.

— Un paquet entier peut se déplacer à ces conditions : même famille, carte réceptrice supérieure.

— Les vides laissés par un paquet épuisé ne peuvent être comblés.

— Une distribution supplémentaire est possible. Dans ce cas on reprendra tout le tableau, on le mélangera et on procédera à une nouvelle distribution des cartes, 3 par 3.

DIVORCE

52 c. 15 min. ★★★. 1 sur 3. (pl.)

Après avoir battu et coupé le jeu, on tire les cartes, une à une, figures découvertes, jusqu'à ce que l'on rencontre des As et des 2. Au fur et à mesure que ces cartes se présentent elles seront extraites pour servir de **bases.**

Sur ces 8 bases on devra construire des séries **alternées par couleurs,** dont les valeurs seront **espacées de deux en deux.** Ainsi il conviendra de se reporter à ceci :

— sur un **As noir** on posera dans l'ordre : un 3 rouge, 5 noir, 7 rouge, 9 noir, Valet rouge et Roi noir ;

— sur un **As rouge** on posera un 3 noir, 5 rouge 7 noir, 9 rouge, Valet noir, Roi rouge ;

— sur un **2 noir** on posera : 4 rouge, 6 noir, 8 rouge, 10 noir, D rouge ;

— sur un **2 rouge** on posera : 4 noir, 6 rouge, 8 noir, 10 rouge, D noire.

Dans tous les cas les Rois devront terminer les séries des **As bases** et **les Dames** celles des **deux bases.**

On disposera pour cela en tout et pour tout de **trois distributions** de cartes.

Cette patience nécessite une grande attention car il faudra en même temps surveiller toutes les conditions imposées auxquelles on devra s'habituer, la succession sautant chaque fois une carte et alternant de couleur.

LE LABYRINTHE

52 c. 15 min. ★★★. 1 sur 10 (bp. pl.)

Tout d'abord on retirera du jeu les quatre As qui serviront de bases sur lesquelles on devra construire des **séries ascendantes par familles.** Pour ce faire on commencera par distribuer une rangée de 8 cartes, figures découvertes. On retirera de cette rangée les cartes qui pourront prendre leur place sur les bases (les 2, les 3...). Les vides seront comblés par des cartes provenant du talon.

A nouveau les cartes utilisables, s'il s'en présente, iront sur les bases.

Lorsque le jeu sera bloqué on distribuera sous la première rangée, **trois** nouvelles rangées de 8 cartes chacune.

On se trouvera alors en présence de 4 rangées complètes de 8 cartes chacune (le tableau). Il faudra faire passer les cartes utilisables de ces 4 rangées sur les bases en respectant les règles suivantes :

— seules les cartes appartenant à la rangée supérieure ou inférieure (1re ou 4e rangée) peuvent être déplacées librement ;

— les cartes appartenant aux deux rangées intermédiaires (2e et 3e rangée) ne peuvent être déplacées que si elles trouvent une « sortie » par le haut ou par le bas du tableau, par un vide (une carte de la 1re ou de la 4e rangée manquant).

— Les cartes du tableau ne peuvent pas être déplacées horizontalement (les sorties devant se faire verticalement).

— Les vides résultant de ces déplacements sur les bases ne peuvent être comblés par des cartes du talon.

— Quand le jeu sera bloqué, puisqu'il reste encore des cartes au talon (en quantité légèrement variable d'une partie à l'autre en fonction des cartes qui auront été piochées pour combler les vides de la première rangée), on distribuera **une cinquième** rangée sous la quatrième ; puis **une sixième.**

Il faudra alors s'efforcer de sortir les cartes de ce labyrinthe par le haut ou par le bas.

— Aucune distribution supplémentaire ne sera possible.

LES VINGT-QUATRE MYSTÈRES

52 c. 10 min. ★★★. 1 sur 10. (bp. pl.)

Après avoir retiré les quatre As que l'on étalera un peu à l'écart pour servir de bases, on distribuera les 48 cartes restantes en 4 rangées de 12 cartes chacune. Dans chaque rangée, la première carte sera donnée figure cachée, la seconde, figure découverte, la troisième figure cachée, la quatrième découverte, etc. (Fig. 12). Le tableau ainsi formé présentera 24 cartes visibles et 24 cartes inconnues.

Le jeu consiste à construire des **séries ascendantes par familles** sur les quatre As, en respectant les règles suivantes :

— seule la dernière carte, à droite, de chaque rangée peut aller sur la base qui lui correspond.

— Au tableau, n'importe quelle carte (visible) peut aller sur n'importe quelle autre carte (visible) à condition de commencer ou de continuer une **série descendante alternant les couleurs.**

— Les cartes cachées ne peuvent être découvertes que lorsqu'il n'y aura plus de cartes à leur droite parce que ces dernières se seront déplacées soit sur les bases, soit sur d'autres cartes du tableau.

— Des groupes de cartes du tableau (constituant des séries descendantes, alternant les couleurs) peuvent se déplacer comme une seule carte.

— Lorsqu'on parvient à libérer entièrement une rangée, le vide ne peut être comblé que par une seule carte ou un groupe de cartes formant une série descendante et non pas par plusieurs cartes n'ayant aucun lien entre elles.

On comprendra que, seules les cartes de droite faisant avancer le jeu (soit en allant sur les bases, soit en permettant de retourner des cartes cachées en formant des séries descendantes), c'est à ce niveau qu'il sera nécessaire de concentrer son attention pour essayer de sortir le maximum de cartes.

Exemple de distribution : (X = carte cachée)

le 2 ♡ (4ᵉ rangée) va sur A ♡ (base) ; il libère la carte de gauche que nous retournons : 2 ♠ ; le 2 ♠ va sur A ♠ ;
ensuite (toujours 4ᵉ rangée) 3 ♡ va sur 2 ♡ (base) ; il libère la suivante : 8 ♡...

X	6 ♢	X	8 ♢	X	3 ♣	X	5 ♡	X	7 ♡	X	3 ♠
X	5 ♠	X	9 ♠	X	V ♠	X	9 ♡	X	9 ♣	X	5 ♣
X	6 ♣	X	5 ♢	X	9 ♢	X	R ♠	X	4 ♡	X	10 ♠
X	4 ♣	X	2 ♣	X	R ♢	X	3 ♢	X	3 ♡	X	2 ♡

Fig. 12 LES VINGT-QUATRE MYSTÈRES

LA MAGISTRALE

52 c. 60 min. ★★★★. 1 sur 20. (bp.pl.)

Voici une des plus difficiles patiences qui existe. Non seulement elle est longue et nécessite beaucoup de place mais elle a un fort quotient d'occupation d'esprit et peu de chances de réussir.

L'exposé des règles est assez court. Il faut distribuer tout le paquet, figures découvertes, tout d'abord 2 rangées de 8 cartes puis, dessous, 4 rangées de 9 cartes.

La première chose à faire sera de sortir les 4 Rois. On aura ainsi 4 vides plus 2 vides des deux premières rangées de 8 cartes donc en tout 6 vides.

N'importe quelle carte du tableau, par exemple 7 ♣, peut être déplacée dans n'importe quel vide à condition que la première carte à gauche de ce vide soit de même famille et immédiatement inférieure à la carte déplacée (ex. : 6 ♣) **ou** que la première carte à droite du vide soit de même famille ou immédiatement supérieure (ex. : 8 ♣).

Le but du jeu est de parvenir à reconstituer les 48 cartes du paquet (sans les Rois) étalées en **ordre ascendant par familles,** de la première à la 6ᵉ rangée. La première carte de la première rangée devra être un As et la dernière carte de la dernière rangée une Dame.

L'ordre des familles sera variable selon les circonstances mais l'ordre des cartes à l'intérieur d'une famille sera immuable : As, 2, 3, 4, 5, 6, 7, 8, 9, 10, V. D.

S'il est plus avantageux de commencer par les ♣ par exemple, on commencera par les ♣. Etant donné que l'on reconstituera des rangées de 9 cartes (la dernière sera de 3 cartes) et qu'il y aura 12 cartes par famille, la série se continuera à la ligne suivante comme si l'on écrivait.

On aura intérêt à placer les cartes, dans la mesure du possible, à leurs places finales et donc à déterminer d'avance les emplacements définitifs de chaque carte et de chaque famille.

Lorsqu'une carte regagne sa place dans un vide, on pourra repartir de la carte qui sera la plus commode pour la suite du jeu.

LA RONDE DE L'AMOUR

52 c. 15 min. ★★★. 1 sur 3. (pl.)

Pour cette réussite on retirera du paquet 8 cartes qui serviront de bases : tous les **As** et tous les **deux.**

On les disposera de façon à former un grand X, les As à l'extérieur (Fig. 13). On ménagera quatre places à l'intérieur pour les Rois. Les 8 bases posées sur le tableau, on distribuera d'emblée 3 cartes de réserve et enfin, à l'écart, une carte supplémentaire, la première du rebut.

L'objet de ce jeu est de réunir

tout le paquet de cartes sur le grand X, groupées par familles sur chaque branche de la figure.

En tirant les cartes à partir du talon on aura trois possibilités :

— la première (et le but final à atteindre) est de construire des séries **ascendantes par familles** sur les bases du grand X ;

— la seconde est de construire sur les trois cartes de réserve des **séries descendantes par familles, paires** si la carte de base est paire **ou impaires** si elle est impaire ;

— la troisième sera de mettre la carte inutilisable au rebut, figure découverte. La première carte du rebut sera toujours disponible pour l'une des deux premières solutions, à mesure que le jeu se modifie.

On n'aura droit qu'à une seule distribution.

Une dernière précision importante avant d'avoir fait le tour des règles de cette patience : en construisant les séries **ascendantes par familles** sur le grand X on devra poser (par familles) des cartes **impaires sur les As** et **paires sur les deux.**

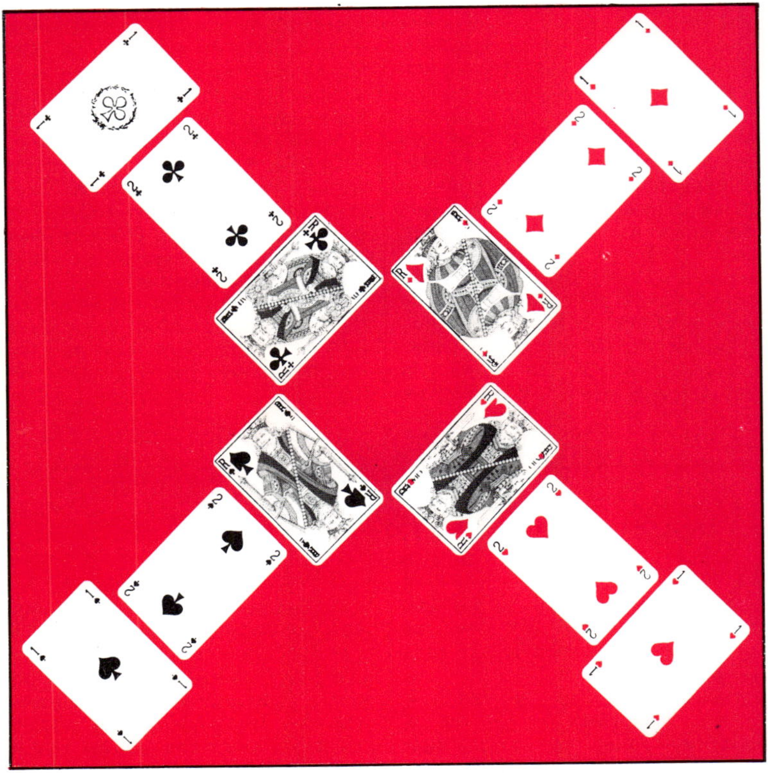

Fig. 13 LA RONDE DE L'AMOUR

Sur un As ♣ on posera 3 ♣ 5 ♣ 7 ♣ 9 ♣ V ♣

Sur un 2 ♣ on posera 4 ♣ 6 ♣ 8 ♣ 10 ♣ D ♣

Le principe sera donc le même que pour les cartes de réserve ; il faudra toujours se fier à la base de départ et considérer si elle est paire ou impaire.

Le tableau de départ est toujours le même :

A ♣			A ◇
	2 ♣	2 ◇	
	2 ♠	2 ♡	
A ♠			A ♡

QUITTE OU DOUBLE

52 c. 10 min. ★★. 1 sur 3. (p.pl.)

Ce jeu assez spécial repose non seulement sur le principe des bases mais aussi sur celui des calculs. En ce sens, il pourrait aussi être classé dans le chapitre suivant consacré aux « calculs », et constitue déjà une introduction à cette approche des réussites.

On distribue, figures découvertes 7 cartes en deux colonnes de 3 cartes reliées par une septième au milieu de chaque colonne. Entre les pieds de ces deux colonnes, une huitième sera la seule base de la patience. Enfin une neuvième carte est disposée un peu à l'écart du tableau ; ce sera le début de la pile de rebut.

Le but du jeu est d'amener toutes les cartes du paquet sur la carte de base, excepté les Rois qui resteront au tableau ; hormis celles-ci, il ne devra plus rester aucune carte au tableau ni au rebut.

Les règles de la réussite sont les suivantes :

— Des huit premières cartes étalées au tableau (y compris la carte de base) le ou les Rois qui se présentent seront retirés et placés sous le talon. Les vides seront remplacés par d'autres cartes provenant du talon.

— Le point de départ est la carte de base ; seule sa valeur doit être prise en compte (on ne prêtera attention ni aux familles ni aux couleurs). Sa **valeur** sera automatiquement **doublée** : si c'est un 2 par exemple, on devra trouver au tableau un 4. S'il n'y en a pas on se tournera vers le talon. Si la première du talon n'est pas un 4, on commencera à distribuer les cartes qui au fur et à mesure de leur inutilité iront grossir le rebut. Lorsqu'on trouvera un 4, cette carte ira sur le 2. A ce moment-là, il faudra trouver un 8. Suivant le même principe, s'il n'y en a pas au tableau, on continuera à distribuer les cartes du talon.

— Chaque fois que se présente un Roi, il sera placé au fond du talon.

— Lorsqu'une carte du tableau est utilisée pour aller sur la pile de base, le vide est comblé par la première carte du rebut, qui peut aussi être posée — si elle convient — sur la base.

— Toutes les cartes ont leur valeur numérale, les Valets comptent 11 et les Dames 12 (les Rois ne sont pas comptabilisés).

— Lorsque la carte de base nous conduit à dépasser la valeur réelle des cartes, par exemple une Dame = 12 × 2 = 24, **on retirera** de ce total **13** ; cela fera

11 = Valet. Deux fois 11 = 22, cela fera un 9 ; 9 × 2 = 18 — 13 = 5, etc.

— Le talon épuisé, le rebut pourra être repris en main et distribué **sans être battu.** On dispose en tout de **trois distributions.**

— A la fin de la troisième distribution, il faudra avoir réussi à grouper les 48 cartes du jeu sur la base et les 4 Rois sur le tableau.

Prenons un exemple :

8 ♣	7 ♢	D ♢
4 ♣		A ♡
A ♢	D ♣	6 ♢

la première carte du rebut est : 2 ♠.

La base est donc D ♣ = 12 × 2 = 24 — 13 = 11 = Valet. N'ayant pas de Valet disponible ni au tableau, ni au rebut, nous distribuons les cartes du talon au rebut jusqu'à ce que nous en trouvions un :

9 ♠, 3 ♢, 6 ♡, 4 ♡, 9 ♡, D ♠, V ♠.

V ♠ va sur D ♣ ; V = 11 × 2 = 22 — 13 = 9, il nous faut trouver un 9...

Voici un petit tableau auquel on pourra se reporter pour savoir, sans faire de calculs, quelle carte doit succéder à telle autre :

As (1 × 2 = 2) sera suivi d'un Deux

Deux (2 × 2 = 4) sera suivi d'un Quatre

Trois (2 × 3 = 6) sera suivi d'un Six

Quatre (4 × 2 = 8) sera suivi d'un Huit

Cinq (5 × 2 = 10) sera suivi d'un Dix

Six (6 × 2 = 12 = D) sera suivi d'une Dame

Sept (7 × 2 = 14 — 13 = 1 = As) sera suivi d'un As

Huit (8 × 2 = 16 — 13 = 3) sera suivi d'un Trois

Neuf (9 × 2 = 18 — 13 = 5) sera suivi d'un Cinq

Dix (10 × 2 = 20 — 13 = 7) sera suivi d'un Sept

Valet (11 × 2 = 22 — 13 = 9) sera suivi d'un Neuf

Dame (12 × 2 = 24 — 13 = 11 = V) sera suivi d'un Valet

4. LES CALCULS

ONZE HEURES (Le Compas)

52 c. 5 min. ★★. 1 sur 2. (pl.)

Pour commencer la série des calculs voici un jeu simple. Après avoir battu et coupé le paquet on en tire 12 cartes que l'on distribue en rond, figures découvertes, comme pour la réussite **Le Tour du Cercle.**

Si au cours de cette première distribution une figure apparaît, on la retire de manière à n'avoir devant soi que 12 cartes numérales.

Le but de cette patience consiste à grouper tout le paquet sur les 12 cartes de départ, excepté les figures qui seront retirées chaque fois qu'il s'en présente.

Autrement dit on devra avoir réuni 40 cartes sur « l'horloge » et 12 cartes (les figures) sur la pile de sortie.

Pour ce faire il n'y a qu'une seule règle :

— lorsque **deux** cartes de l'horloge totalisent (en additionnant leurs valeurs) **11,** on distribue sur cette paire deux nouvelles cartes. Chaque fois qu'une figure est sortie elle est remplacée par une autre carte.

Un 8 ♣ et un 3 ♡ seront couverts par deux nouvelles cartes,
un 7 ◇ et un 4 ♠ seront couverts par deux nouvelles cartes,
un 10 ♡ et un A ♡ seront couverts par deux nouvelles cartes, etc.

Ce jeu est assez facile et on le réussira souvent.

ONZE HEURES (variante)

52 c. 5 min. ★★. 1 sur 5. (pl.)

Si l'on aime les complications voici une variante de cette réussite qui va rendre la tâche plus difficile.

La première distribution se fait de la même façon que dans le cas précédent.

Si une figure se présente, elle ne sera pas sortie mais placée au fond du talon ; une autre carte sera donnée à sa place.

A partir de cette première distribution, plus aucune figure ne sera sortie. A la différence du jeu étudié ci-dessus, si une figure apparaît lors des distributions suivantes, elle sera **laissée en place** et donc bloquera en partie le jeu. Lorsqu'une autre figure se présentera il n'en restera plus que dix de disponibles, etc.

Il faudra toujours totaliser **11** pour avoir droit à deux nouvelles cartes.

Il va s'avérer que la partie devient de plus en plus difficile au fur et à mesure que des cases se bloquent.

Une seule grâce est accordée si le jeu est complètement bloqué : on replacera au fond du paquet les deux cartes qu'on vient de donner et on en distribuera deux nouvelles pour que le jeu continue ; si par exemple sur un 6 ♠ et sur un 5 ♡, on vient de distribuer un R ◇ et un A ♣, on pourra retirer le R ◇ et l'A ♣, les placer au fond du paquet et donner deux nouvelles cartes, ainsi, plusieurs fois jusqu'à ce que la situation se débloque.

Pour finir on devra se retrouver avec les 52 cartes empilées sur 12 tas, chacun surmonté d'une figure.

Le suspense se fera de plus en plus intense vers la fin de la partie.

LA CALCULATRICE ÉLECTRONIQUE

52 c. 15 min. ★★★★. 1 sur 5. (pl.)

Ce jeu quoique faisant appel au principe des bases, nécessite une bonne aptitude au calcul.

On commencera par retirer du paquet un As, un 2, un 3 et un 4, appartenant à n'importe quelle famille et pas nécessairement la même. Dans cette réussite d'ailleurs, seules les valeurs des cartes compteront (V = 11, D = 12, R = 13).

Ces quatre cartes seront disposées en ligne, les unes à côté des autres.

Ensuite on tirera les autres cartes une à une du paquet battu et coupé. Le but est de parvenir à regrouper toutes les cartes sur les quatre bases 1, 2, 3, 4.

La particularité de cette patience est que l'intervalle d'une série est variable d'une base à l'autre.

Sur les bases on posera successivement :

base As : 2, 3, 4, 5, 6, 7, 8, 9, 10, V, D, R ;

base 2 : 4, 6, 8, 10, D, A, 3, 5, 7, 9, V, R ;

base 3 : 6, 9, D, 2, 5, 8, V, A, 4, 7, 10, R ;

base 4 : 8, D, 3, 7, V, 2, 6, 10, A, 5, 9, R.

Les cartes qui ne pourront être utilisées sur les bases seront arrangées sur quatre rebuts. La constitution de ces rebuts n'est pas soumise à une règle précise : tout simplement, seule la carte supérieure de chacun des quatre rebuts pourra être utilisée pour aller sur les bases. Chacun pourra donc former ces rebuts de la manière qui lui convient. On remarquera cependant que les Rois n'étant utilisables qu'en fin de série, il sera préférable de ne pas recouvrir une carte basse par un Roi, ce qui, à brève échéance, bloquerait le jeu, mais plutôt de réserver un rebut aux quatre Rois, qui, lorsqu'ils auront été regroupés pourront être recouverts par les Dames puis par les Valets. On pourra aussi, dans la mesure du possible, essayer d'amorcer des séries descendantes sur les rebuts afin de ne pas bloquer le jeu.

On ne sera autorisé à distribuer le talon qu'**une seule fois.**

Il faudra donc — et toute la difficulté est là — avoir sans cesse présent à l'esprit, l'intervalle de chaque série, au fur et à mesure que l'on donne les cartes. Pour cela il sera nécessaire d'avoir une sorte de **« mémoire électronique »** qui conserve les intervalles constants, malgré la fin d'une série ; lorsqu'on dépasse la valeur des cartes, on retranche 13 ; par exemple : base 3 (intervalle 3) : 5, 8, V (= 11), 11 + 3 = 14 — 13 = 1 = As, donc le Valet sera suivi de l'As, du 4, etc., ou bien base 4 (intervalle 4) 8, D (= 12 + 4 = 16 — 13 = 3), 3 ; la Dame sera suivie du 3, 7, etc.

Au début et jusqu'à ce que l'habitude de ces calculs soit prise, il sera préférable de prendre son temps.

QUATRE-VINGT-ONZE

52 c. 10 min. ★★★. 1 sur 5. (bp. pl.)

Pour cette réussite on distribuera tout le paquet en 13 tas de 4 cartes chacun. Dans chaque tas, trois cartes seront données figures cachées et la quatrième figure visible.

Le but du jeu est d'arriver à sortir **13 cartes ensemble lorsque le total de leurs valeurs fera 91.**

Comme toujours, les Valets vaudront 11, les Dames 12 et les Rois 13.

Il est bien certain que les cartes, telles qu'elles seront distribuées auront peu de chances de faire d'emblée 91. Il faudra donc procéder à des arrangements, à la condition suivante : n'importe quelle carte pourra être supprimée en étant passée **sous** son propre paquet et en étant **remplacée** par la carte qui se trouve sous elle et qui, libérée, sera découverte à cette occasion.

Supposons par exemple qu'un total de 13 cartes fasse 96 ; nous avons donc 5 points de trop qu'il faudra supprimer. Nous permutons une carte forte, un 10 par exemple, pour espérer trouver une carte un peu plus faible :

— si l'on désire descendre son point, il est préférable de se débarrasser d'une carte forte ;

— si, en revanche, on souhaite monter son point, il vaudra mieux supprimer une carte faible pour espérer la remplacer par une plus forte.

En permutant notre 10, nous trouvons un 6 par exemple : n'ayant que 4 points de moins, notre total fait encore 92. Nous avons encore un point de trop ; en retournant un 9, par exemple, il nous faudrait trouver un 8. On comprend que travaillant « à l'aveuglette », il nous arrivera souvent de nous éloigner considérablement de ce 92 ; nous pourrons monter à 100 ou descendre à 80.

Dans tous les cas le but sera de sortir les 52 cartes en quatre fournées de 13 cartes complètes. D'ailleurs si l'on totalise les points de toutes les cartes d'un jeu de 52 cartes, on se rend compte que cela fait 364 et 364 : 4 = 91.

Cette réussite n'est pas compliquée mais nécessite beaucoup de calculs. Elle pourrait éventuellement remplacer pour les insomniaques, le passe-temps qui consiste à compter des moutons imaginaires...

LES SEPT

52 c. 5 min. ★★. 1 sur 3. (bp. pl.)

Ce jeu nécessite beaucoup de place car l'on a souvent besoin, pour arriver au résultat escompté, d'étaler un grand nombre de cartes (quelquefois plus de 30).

On distribue les cartes figures découvertes, les unes à côté des autres sur une ligne. Compte tenu de la place requise on pourra faire serpenter cette ligne de façon à réduire l'espace de la réussite.

Le but est de sortir toutes les cartes se suivant les unes les autres et dont la somme faite au fur et à mesure de la distribution sera égale à 7 ou 17, 27, 37, 47, 57, etc. Les cartes sorties doivent se toucher à partir de la gauche et il ne faut plus avoir aucune carte au tableau. On voit pourquoi le jeu peut occuper beaucoup d'espace.

Il se peut que l'on ne parvienne à trouver un nombre se terminant par « sept » qu'après avoir totalisé 157 par exemple.

Ensuite, selon la sortie des cartes on pourra se trouver à la fin de la patience, n'ayant plus de cartes au talon, avec 4 cartes dont le total fera 29 par exemple ; dans ce cas on aura perdu la partie.

Le total des valeurs de toutes les cartes d'un jeu de 52 faisant 364, on pourra si l'on n'a guère de chance aller jusqu'à aligner presque toutes les cartes du paquet, jusqu'à 357 points par exemple. Dans ce cas il resterait 7 points et le jeu serait gagné malgré tout. L'essentiel consiste à réaliser de bonnes combinaisons.

DÉCADE

52 c. 5 min. ★★★. 1 sur 2. (bp. pl.)

Il existe plusieurs variétés de **décades**. Comme dans la réussite précédente **Les Sept,** toutes les cartes du paquet sont étalées en une seule ligne (pouvant serpenter pour gagner de la place).

Il faut sortir les cartes se touchant à partir de la première à gauche, dont la somme des points est 10 ou 20, 30, 40, 50, etc.

Dans ce jeu toutes les figures (V, D, R) valent 10.

En étalant les cartes de la sorte, on pourra arriver à un grand nombre de cartes et à un total impressionnant, par exemple 220 en 33 cartes, mais il ne faut pas se désespérer car si ce jeu occupe l'esprit, il n'est pas difficile à réussir. C'est une réussite où il faut faire preuve d'un peu de « patience ».

DÉCADE (variante 1)

52 c. 5 min. ★★. 1 sur 10. (pl.)

Il s'agit pour cette variante de distribuer, figures découvertes, 13 cartes en 2 rangées de 5 et une rangée de 3.

Il faudra **sortir** les cartes **deux par deux** lorsque leur total fera **10.** Dans ce jeu aussi toutes les figures compteront 10. Lorsque des Valets, Dames, Rois ou 10 se présenteront au tableau ils ne pourront être sortis que par groupes complets de quatre (ex. : 4 Rois, 4 Valets, 4 Dix, etc.). Dans tous les autres cas (s'il n'y en a que 3 par exemple), ils resteront au tableau et bloqueront donc des cases.

Quand on réussit à sortir des cartes (2 par 2 ou, dans le cas des cartes valant dix, par 4) on remplace les vides par des cartes du talon.

Il n'y a pas de rebut et pas de seconde distribution possible.

Cette patience est assez difficile à réussir mais étant donné sa rapidité d'exécution et la simplicité des calculs, on pourra la recommencer plusieurs fois de suite sans perdre espoir.

DÉCADE (variante 2)

52 c. 5 min. ★★. 1 sur 10. (p. pl.)

On distribue 9 cartes en 3 rangées de 3 cartes, figures découvertes. En se servant du talon, il faut **poser** deux nouvelles cartes sur les cartes qui **deux par deux** totalisent **10.** Les figures valent 10 mais on ne pourra poser sur elles deux nouvelles cartes que s'il y a deux cartes de la même espèce au tableau (deux Valets, deux 10, etc.). Les couleurs n'entrent pas en ligne de compte.

Le but est de parvenir à empiler tout le talon sur les 9 cartes du tableau.

Là aussi il n'y a pas de rebut et une seule distribution est permise. Comme dans la variante 1, la réussite est difficile.

ONZE A LA DOUZAINE

52 c. 5 min. ★★. 1 sur 2. (pl.)

Le tableau de cette réussite est formé par 12 cartes distribuées en 3 rangées de 4 cartes chacune, figures découvertes.

Il faudra retirer les cartes **deux par deux** lorsque leur total fera **11.**

Les figures ne pourront être sorties que **par trois,** appartenant à **la même famille** (ex. : R ♡, D ♡, V ♡).

Les vides seront remplacés par des cartes du talon.

Le but consiste à **sortir tout le tableau.**

Aucune autre distribution n'est possible.

Les cartes totalisant 11 peuvent appartenir à deux familles différentes.

Ici aussi, les figures vont bloquer le jeu au fur et à mesure de leur apparition.

L'ÉTOILE

52 c. 5 min. ★★. 1 sur 10. (pl.)

On commence par retirer les 12 figures du paquet. Ensuite on distribue les cartes en cinq colonnes, figures découvertes (Fig. 14) :

— une colonne d'une carte,
— une colonne de trois cartes,
— une colonne de quatre cartes,
— une colonne de trois cartes,
— une colonne d'une carte.

Le but de ce jeu est d'épuiser tout le talon en ayant groupé

deux à deux les cartes **se touchant** (par un bord ou par un coin) et dont la somme est **11.**

Les mouvements se font donc à l'intérieur du tableau lui-même. Un 7 ♣ par exemple, se posera sur un 4 ♡. Mais il faudra choisir entre la solution qui consiste à poser le 7 sur le 4 ou le 4 sur le 7. Cette décision entraînant l'emprisonnement d'une carte, il faudra choisir laquelle ; la suite du jeu montrera que l'on avait peut-être tort.

Les petits paquets réalisés par plusieurs cartes accumulées se déplacent comme une seule carte et prennent la valeur de la carte supérieure.

Les vides sont comblés par des cartes du talon ; le talon épuisé, aucune autre distribution n'a lieu.

Fig. 14 L'ÉTOILE

L'ÉTOILE (variante)

52 c. 5 min. ★★. 1 sur 3. (pl.)

Le tableau de distribution est le même que dans le premier cas, mais à présent le total de **11** peut être pris en compte par deux cartes du tableau **ne se touchant pas nécessairement.**

Cette réussite est plus facile car les possibilités de combinaisons sont incontestablement plus grandes, cependant il faudra toujours veiller à ne pas emprisonner une carte dont on risque d'avoir besoin par la suite.

LES TREIZE

52 c. 5 min. ★★. 1 sur 2. (p.pl.)

Après avoir distribué deux rangées de 5 cartes chacune, on tâchera de **sortir deux par deux** les cartes dont la **somme sera égale à 13.**

Dans cette patience, les Valets compteront 11, les Dames 12 et les Rois 13. Les Rois seront sortis tout seuls.

On remplacera les vides avec des cartes du talon.

Le but sera de réussir à **sortir** tout le paquet en une seule distribution du talon.

LES TREIZE (variante)

52 c. 5 min. ★★. 1 sur 5. (p. pl.)

C'est une autre possibilité qui réduit les chances de réussir en n'utilisant que la moitié du tableau précédent.

On distribue une seule rangée de 5 cartes d'où l'on doit **sortir** les cartes **deux par deux, lorsque le total fait 13.**

Que l'on ait réussi à sortir les cartes ou pas, on distribuera toujours les cartes par **tours complets de cinq.**

Deux cartes sorties font apparaître les deux cartes de dessous qui peuvent à nouveau réaliser d'autres mariages.

Le jeu quelquefois compromis n'est jamais irrécupérable car on peut de cette façon, petit à petit, réussir à épuiser les cinq piles. Il faudra néanmoins avoir de la chance.

LA PYRAMIDE

52 c. 5 min. ★★. 1 sur 3. (pl.)

Cette réussite nécessite un tableau de 28 cartes disposées en pyramide. On commence par étaler, figure découverte, une carte puis 2 cartes chevauchant la première, puis 3 chevauchant les 2 précédentes, etc. Jusqu'à obtenir 7 rangées, la septième comportant 7 cartes (Fig. 15).

Il faut parvenir à **sortir** les cartes dans une pile de sortie **deux par deux** à condition que leur total fasse **13** (les V comptent 11, les D 12 et les R 13).

— Les cartes ne peuvent être sorties que si elles sont libres, c'est-à-dire si aucune carte ne vient chevaucher sur elles (par exemple deux cartes adjacentes à la dernière rangée libèrent une

Fig. 15 LA PYRAMIDE

carte de la rangée du dessus).

— Il n'est pas nécessaire que les cartes soient adjacentes pour sortir ; il suffit qu'elles soient libres.

— Les Rois, lorsqu'ils sont libres, sont systématiquement sortis (seuls).

— On pourra distribuer le talon, carte par carte, et constituer une pile de rebut. La première carte de ce rebut pourra s'associer avec une carte du tableau. Elle pourra même s'associer avec **la précédente carte du rebut,** si leur total fait 13.

Le but est d'arriver à sortir tout le tableau et à ne plus avoir ni rebut ni talon, la réussite ne comportant qu'une seule distribution.

LE PUZZLE

52 c. 5 min. ★★. 2 sur 3. (bp.pl.)

Voici un jeu amusant et facile à réussir.

Il faut distribuer tout le paquet battu et coupé, en douze piles :

— dans les quatre premières piles, on posera 5 cartes ;

— dans les huit autres piles, on posera 4 cartes.

Le but du jeu est de **sortir** toutes les cartes **deux par deux** lorsque leur somme est égale à **14.** Les figures auront leur valeur habituelle (V = 11, D = 12, R = 13).

En distribuant les cartes sur les 12 piles, on s'arrangera pour que toutes soient visibles en même temps (en les faisant se chevaucher), ainsi, il sera possible d'utiliser une carte en sachant quelles autres elle libère.

Seules les cartes libres (au bas de chaque colonne ou au sommet de chaque pile) pourront être utilisées, comme pourront l'être à leur tour les cartes qu'elles libèrent.

LA QUINZAINE

52 c. 5 min. ★★. 1 sur 3. (pl.)

On distribue d'abord 16 cartes, figures découvertes, en 4 rangées de 4 chacune.

Dans cette réussite, le but recherché est de **sortir** les cartes du tableau par groupes totalisant **15.** On ne sera pas limité à deux cartes, mais on pourra sortir en même temps plusieurs cartes (7 + 4 + 3 + As = 15). Les Valets, les Dames et les Rois n'entreront pas dans le calcul ; ils seront sortis par groupes de **quatre** (les 4 Valets ensemble, les 4 Dames, les 4 Rois).

Les vides sont comblés par des cartes du talon.

Il s'agira de sortir le maximum de cartes du paquet, cependant il sera inévitable que des cartes restent au tableau à la fin du jeu. On devra alors calculer le total de ces cartes :

— s'il est inférieur à **11,** on considérera que l'on a gagné ;

— s'il est supérieur à **11,** on aurait pu faire mieux, la réussite est perdue.

5. LES CASSE-TÊTE

LA TOUR DE LONDRES

52 c. 60 min. ★★★★. 1 sur 5. (pl.)

Voici pour commencer, une réussite qui présente des données simples mais nécessite néanmoins une grande réflexion.

Neuf cartes sont seulement utilisées. D'un paquet de 52 cartes sont retirés l'As, 2, 3, 4, 5, 6, 7, 8, 9 d'une même famille. Ces neuf cartes sont bien battues ensemble ; pour que cela soit bien fait il convient de les mélanger assez longtemps.

Ces neuf cartes sont distribuées figures découvertes sur 3 rangées de 3. Le but du jeu est d'amener ces cartes les unes au-dessus des autres en une seule colonne et en respectant scrupuleusement ces quatre règles simples :

1) une seule carte peut être déplacée à la fois ;
2) seules les cartes situées au pied des colonnes peuvent être déplacées ;
3) une carte ne peut être déplacée qu'au pied d'une autre colonne et à la condition que la carte au bas de laquelle elle vient prendre place lui soit supérieure en valeur ;
4) lorsqu'à un moment du jeu on se retrouve seulement avec deux colonnes, la troisième peut être réamorcée, suivant les besoins, à condition que les cartes qui viendront se placer sous la première carte de la nouvelle colonne lui soient aussi inférieures en valeur.

Compte tenu de ces règles, la réussite ne sera gagnée que si, pour finir, on aura pu disposer en **une seule colonne** le 9 sous lequel viendront successivement : le 8, 7, 6, 5, 4, 3, 2, As.

LES MOTS CROISÉS

52 c. 5 min. ★★★. 1 sur 5. (bp. pl.)

Pour cette patience le début de la distribution ressemble à celle du **Poker Solitaire.**

On posera une carte sur le tableau, figure découverte. Ensuite on en tirera une autre qui devra toucher la première, par un côté ou par un coin. Chaque carte posée sur le tableau devra **toujours toucher les précédentes.** Le but est de réussir à aligner 49 cartes dans un carré de 7 × 7. En déposant les cartes, on veillera donc à ne pas dépasser le cadre final des 7 × 7.

Toute la difficulté du jeu consiste à obtenir **un nombre pair** lorsqu'on additionne les valeurs de toutes les cartes d'une ligne.

Seules seront comptées les lignes horizontales et verticales.

Dans ce jeu les figures ne seront pas comptées mais, lorsqu'elles apparaîtront, elles devront être posées sur le tableau à la place qui conviendra et joueront le rôle des cases noires dans les mots croisés.

Entre ces cases d'arrêt, les nombres — même s'il n'y a qu'une carte — devront toujours être **pairs.**

Une fois posées au tableau, les cartes ne peuvent plus être déplacées. En disposant une carte, il faudra donc toujours tenir compte des modifications du total horizontal et du total vertical. Le jeu deviendra de plus en plus difficile vers la fin.

Lorsqu'on aura étalé 48 cartes on marquera un temps d'arrêt. On aura encore une case à combler sur le tableau et on disposera encore de 4 cartes.

La plus belle réussite consistera à tirer immédiatement la carte manquante et à conserver un talon de 3 cartes.

Une réussite de seconde catégorie consistera à la trouver en second lieu.

Des réussites de 3ᵉ et 4ᵉ catégorie seront celles dans lesquelles on la trouvera en 3ᵉ et 4ᵉ position.

Mais qu'on se rassure, une réussite de 4ᵉ catégorie est tout de même un bon résultat car — ne pouvant déplacer les cartes posées au tableau — il arrivera plus d'une fois qu'on ne parvienne pas à concilier deux totaux pairs.

LE MOUVEMENT PERPÉTUEL

52 c. 60 min. ★. 1 sur 4. (p. pl.)

Voici une réussite qui occupe peu l'esprit et où l'on progresse lentement mais pas toujours sûrement.

On commence par étaler devant soi 4 cartes figures découvertes. S'il se trouve des cartes de même valeur, on reporte la carte la plus à droite sur celle qui est la plus à gauche.

Puis 4 nouvelles cartes sont distribuées **sur** les 4 premières. A nouveau les cartes de même valeur sont empilées sur celles de gauche. Toutes les cartes étant distribuées figures visibles, si les mouvements font apparaître dessous une autre possibilité de mariage par valeur, une carte distribuée, au tour précédent peut, lorsqu'elle est libérée, être utilisée.

L'important est de toujours distribuer un tour complet de 4 cartes avant d'envisager les mariages possibles.

Le but de cette réussite est de **sortir 4 cartes de la même valeur en même temps.** Autrement dit, il faut que les 4 cartes se présentent sur les 4 piles différentes.

On essayera de sortir ainsi tout le paquet de 52 cartes. Lorsque le talon sera épuisé, on posera la 4ᵉ pile (celle de droite) sur la 3ᵉ, le tout sur la 2ᵉ et l'ensemble sur la première. Le paquet sera retourné dans la main et, **sans le battre,** distribué à nouveau **par** groupes de 4 cartes. On comprendra alors bien vite ce que veut dire le mouvement perpétuel.

PORTRAITS DE FAMILLE

52 c. 20 min. ★★★★. 1 sur 5. (pl.)

Le but du jeu consiste à réunir les douze portraits (les figures) en les classant par famille et par hiérarchie selon certaines règles.

Après avoir battu et coupé le paquet, on distribue, figures découvertes, 3 rangées de 4 cartes.

Des douze cartes distribuées, seules sont valables les 2, 3 et 4 à condition que :

— les 2 se trouvent dans la 3e rangée,

— les 3 se trouvent dans la 2e rangée,

— les 4 se trouvent dans la 1re rangée.

En même temps, il faut déterminer la colonne de chaque famille. Cette décision est laissée au choix de chacun. Si par exemple on dispose d'un 4 ♡ à la première rangée (2e position), on le conserve à sa place et on aligne les ♡ verticalement dessous.

La première chose consiste donc à obtenir (à titre d'exemple en ce qui concerne les familles) :

1. 4 ♣ 4 ♡ 4 ♠ 4 ◇
2. 3 ♣ 3 ♡ 3 ♠ 3 ◇
3. 2 ♣ 2 ♡ 2 ♠ 2 ◇

Pour obtenir ceci — ayant rarement au départ plus d'une ou deux cartes correctement placées — il faut essayer dans la mesure du possible de **permuter entre elles les cartes du tableau** jusqu'à ce que les bonnes cartes prennent leur position. Pour cela toutes les permutations sont possibles.

Ensuite il faut, en se servant du talon, chercher les autres 2, 3 ou 4 pour les mettre à leur place définitive. Lorsque ce sera le cas on posera la carte à la place qui lui revient et on mettra l'ancienne au rebut.

Enfin, il faudra recouvrir les cartes correctement positionnées (2, 3 et 4) par des cartes de **même famille** mais **trois fois plus fortes ;** dans cet ordre :

1. les 4 seront suivis de 7, 10, R
2. les 3 seront suivis de 6, 9, D
3. les 2 seront suivis de 5, 8, V.

On peut ainsi dès la première distribution des cartes recouvrir les cartes de base par celles qui doivent le faire.

LE HIC

52 c. 5 min. ★★. 1 sur 7. (pl.)

Cette patience nécessite une certaine réflexion et le sens de la prévision. Elle n'est pas à proprement parler difficile mais néanmoins, on se rendra compte que les chances de la réussir sont proportionnelles à la réflexion dont on aura fait preuve.

On commence par distribuer 12 cartes en 3 rangées de 4, figures découvertes. Le but final est de réussir à se débarrasser de tout le talon en le disposant sur le tableau.

Pour cela on doit construire sur les cartes du tableau, des **séries descendantes.** Ne tenant compte ni des familles ni des couleurs, on ne considérera que les **valeurs des cartes.**

— Les cartes du talon peuvent toujours aller sur les cartes du tableau, à condition qu'elles constituent des **séries descendantes** continues.

— En revanche, les cartes du tableau peuvent aussi aller sur les autres cartes du tableau pour former des séries descendantes à condition que les cartes qui se déplacent soient **seules.** En d'autres termes, à partir du moment où l'on pose une carte sur une autre, ces deux cartes sont **immobilisées** jusqu'à la fin du jeu. A la différence d'autres réussites, il est impossible d'utiliser à nouveau la carte supérieure d'une pile et à plus forte raison une pile entière.

— Les vides sont comblés par des cartes du talon de manière que l'on ait toujours 12 cartes devant soi.

— Il n'y a pas de rebut.

Sitôt le jeu bloqué parce que la carte du talon que l'on tient en main ne trouve pas de place sur le tableau et sitôt qu'il n'est plus possible d'opérer des déplacements sur le tableau lui-même, la réussite est perdue.

On comprend la difficulté ; plus la partie avance, plus le nombre de cases vacantes diminue. Il faudra bien réfléchir avant de déplacer des cartes car les déplacer trop tôt les immobilise ; de plus un As vient toujours clore une série. Si l'on a un 2 et un As au tableau par exemple, on sera tenté de déplacer l'As sur le 2 : ce serait une erreur. En effet, il vaudra mieux attendre une carte supérieure sur laquelle on pourra construire une série descendante, un 6 par exemple, suivi d'un 5, 4, 3. Alors seulement on déplacera le 2 suivi de l'As ; ainsi on n'aura pas immobilisé une case inutilement.

LE HIC (variante)

52 c. 5 min. ★★★. 1 sur 10. (pl.)

Cette variante est un peu plus « casse-tête » que le problème précédent. Au lieu de distribuer 12 cartes, on n'en étalera que 9 (3 rangées de 3 chacune).

Les principes sont les mêmes : les cartes du tableau ne peuvent être déplacées qu'une fois avant d'être immobilisées.

Le but est d'épuiser tout le talon en construisant des séries descendantes sur les 9 cartes du tableau.

Ne disposant que de 9 cases, la difficulté est bien plus grande et il faudra encore réfléchir davantage afin de ne pas bloquer le jeu.

Fig. 16 LE SCORPION

LE SCORPION

52 c. 15 min. ★★★. 1 sur 5. (bp. pl.)

On distribuera 7 rangées de 7 cartes chacune, les colonnes verticales se chevauchant les unes les autres.

Les 4 premières cartes des 3 premières rangées seront étalées, figures cachées, les autres figures découvertes (Fig. 16).

49 cartes étant ainsi distribuées les 3 cartes restantes seront posées un peu à l'écart, figures cachées et seront utilisées si besoin est.

Le but du jeu est de ramener le tableau à **4 colonnes,** chacune réservée à **une famille** suivant une **série descendante** du Roi à l'As.

— Pour cela on pourra déplacer les cartes au bas de chaque colonne sur d'autres cartes se trouvant au bas de colonnes différentes et formant avec elles des fractions de **séries descendantes par familles.**

— On aura aussi la possibilité de déplacer en même temps plusieurs cartes appartenant à une même colonne comme une seule carte à condition que la construction par séries descendantes **et** par familles soit respectée.

— Lorsqu'on aura réussi à déplacer de la sorte ou carte par carte, une colonne entière, **le vide** ne pourra être comblé qu'**avec un Roi.**

— Les cartes cachées ne pourront être retournées qu'au fur et à mesure de leur libération par les cartes de dessus qui auront été utilisées.

— Lorsque le jeu semble bloqué on distribue les 3 cartes de réserve mises à l'écart, sur les cartes du bas des 3 premières colonnes (en partant de la gauche).

LES VIDES

52 c. 15 min. ★★★. 1 sur 20. (bp. pl.)

Voici une patience difficile qui requiert une certaine perspicacité. On distribue tout le paquet, figures découvertes, en 4 rangées de 13 cartes. Ceci fait on sort les As.

Le but final de ce jeu est de réussir à grouper **chaque famille sur une rangée** en ordre ascendant du 2 au Roi.

Les vides laissés par la sortie des As doivent être comblés par des cartes **immédiatement supérieures et de même famille** que la carte se trouvant à gauche du vide. Ainsi sur une telle rangée :

3 ♢ 10 ♠ • 4 ♠ 5 ♣ 9 ♢

le vide ne peut être comblé que par le V ♠ et non par le 3 ♠.

Un Roi vient clore une famille ; lorsqu'on en trouve un à gauche d'un vide on ne peut plus déposer aucune carte dans ce vide. Si ceci se répète pour les 4 Rois, le jeu est bloqué.

On dispose pour débloquer le jeu de **deux distributions supplémentaires.**

Pour cela on ramasse toutes les cartes ne formant pas de série ascendante par famille (même de deux cartes) ; ces cartes sont battues et distribuées à nouveau.

Lors de ces deuxième et troisième distributions on ménagera **un vide dans chaque rangée** (4 en tout) à la droite d'une série ascendante par famille. Quand on aura réussi à grouper plusieurs séries (plus de 4) il faudra choisir à la droite desquelles on ménagera un vide.

L'intuition intervient beaucoup dans ce jeu et selon celle qu'on manifestera les chances de succès varieront sensiblement.

LES AS EN HAUT

52 c. 2 min. ★★. 1 sur 10. (p. pl.)

Dans cette réussite l'As sera supérieur à toutes les autres cartes (Roi compris). On distribuera les cartes par rangées de 4, figures visibles. Chaque fois que deux (ou plusieurs) cartes seront de la même famille, on sortira la (ou les) carte(s) inférieure(s).

Les vides pourront être comblés par n'importe quelle carte du tableau qui conviendra à condition d'être visible.

Cependant, si un As se trouve au sommet d'une pile, **priorité** sera donnée **à l'As** pour aller combler le vide.

Les cartes seront distribuées par groupes de 4 sur les 4 premières et les combinaisons (cartes inférieures de même famille) pourront être réalisées avec des cartes de dessous, libérées par des sorties.

Le but du jeu est de parvenir à **sortir** tout le paquet et à ne conserver au tableau que les 4 As. Alors la réussite sera gagnée.

Une seule distribution est possible. Ainsi dans l'exemple (Fig. 17) :

1re rangée : 9 ♣ 6 ♡ R ◇ 9 ♠ : rien ne peut sortir

2e rangée : 4 ♡ 10 ◇ V ♠ D ♠ : V ♠ sort (inférieur à D ♠)
puis 10 ◇ sort (inférieur à R ◇)
puis 4 ♡ sort (inférieur à 6 ♡)

3e rangée : 10 ♣ A ◇ 5 ♠ 10 ♠ : 5 ♠ sort (inférieur à 10 ♠)
puis R ◇ sort (inf. à A ◇)
A ◇ remplace R ◇.

Nouveau tableau :

9 ♣	6 ♡	A ◇	9 ♠
10 ♣			D ♠
			10 ♠

etc.

Fig. 17 LES AS EN HAUT

LE GRAND PARFAIT

32 c. 10 min. ★★★. 1 sur 3. (pl.)

Les 32 cartes du paquet sont distribuées, figures visibles, en 4 rangées de 8 cartes chacune.

Le but de cette réussite étant de grouper sur les 4 As, sortis du tableau au fur et à mesure, des **séries ascendantes par familles** dans l'ordre suivant : As, 7, 8, 9, 10, V, D, R ; on devra respecter ces 3 règles :

— les cartes ne pourront sortir que par le bas du tableau (comme dans la réussite **Le Labyrinthe**) lorsque des « passages » seront ouverts ;

— il sera possible de déplacer des cartes du tableau sur le tableau lui-même à condition qu'elles puissent sortir par des « passages » et qu'en se posant sur d'autres cartes, elles forment avec elles des **séries descendantes alternant les couleurs ;**

— au tableau on pourra déplacer des groupes de cartes comme une seule carte (cartes accumulées au fur et à mesure), à condition qu'on déplace en même temps **toute** la série descendante alternant les couleurs.

Une colonne vide sera remplacée au choix par une carte disponible ou par une série descendante du tableau.

Cette patience réunit des principes que nous avons déjà rencontrés auparavant : les bases, l'alternance des couleurs, les séries descendantes, les séries ascendantes...

Au départ du jeu il faut essayer de sortir au plus tôt les 4 As sur lesquels doivent se construire les séries finales.

LES ROIS ET LES REINES

52 c. 5 min. ★★★. 1 sur 10. (pl.)

On commence par sortir les 2 Rois noirs et les 2 Dames rouges. Ces quatre cartes sont posées sur une ligne et serviront de bases. Le reste du paquet est ensuite battu et distribué trois cartes à la fois, chacune allant sur une pile de réserve.

Dans ce jeu il s'agit de réussir à construire des **séries ascendantes par familles** sur les Rois (noirs) et des **séries descendantes par familles** sur les Dames (rouges).

— Sur les Rois on posera : As, 2, 3, 4, 5, 6, 7, 8, 9, 10, V, D.

— Sur les Dames on posera : V, 10, 9, 8, 7, 6, 5, 4, 3, 2, As, R.

Chaque fois que l'on pourra utiliser une ou plusieurs cartes des 3 piles de réserve on le fera. Les piles de réserve sont constituées figures visibles, ainsi une carte utilisée permettra peut-être de libérer une carte de dessous qui deviendra disponible.

Après avoir épuisé le talon, on ramasse les 3 piles de réserve que l'on réunit de la droite vers la gauche et, **sans battre** le paquet ainsi obtenu, on distribue les cartes sur **un seul rebut,** figures découvertes. A nouveau il faut essayer de disposer les cartes par séries ascendantes (noires) ou descendantes (rouges). La première carte du rebut peut toujours être utilisée.

En plus de la distribution du talon sur les 3 piles de réserve on a droit en tout à **deux distributions sur un seul rebut.**

A l'issue de ces deux dernières opérations il faut avoir réussi à grouper toutes les cartes, par familles, suivant le sens indiqué (ascendant ou descendant).

Les quatre tas constitués au tableau devront être surmontés :

— ceux des Rois par les Reines noires)

— ceux des Reines par les Rois (rouges).

Ce résultat est assez difficile à obtenir...

LE PONT D'AVIGNON

52 c. 15 min. ★★★. 1 sur 3. (bp.pl.)

Après avoir battu et coupé le paquet, on distribuera, figures découvertes, 2 colonnes de 5 cartes chacune : les piles du pont.

Entre ces 2 colonnes on étalera au-dessus l'une de l'autre 2 rangées de 4 cartes : les bases.

En un premier temps on aura donc donné : 2 × 5 = 10 et 2 × 4 = 8 soit 18 cartes en tout sur une sorte de H qui aurait deux barres horizontales.

Tout d'abord il faudra sortir les As des colonnes (verticales) et des bases (horizontales), et les disposer en haut du H, toujours entre les colonnes : ce sera le pont d'Avignon que l'on devra jeter entre les 2 piles.

— Sur les As on construira des **séries ascendantes par familles** (de l'As au Roi).

— Sur les deux rangées de bases (horizontales) on devra construire provisoirement des **séries descendantes en alternant les couleurs.**

— Les cartes peuvent aller :

- — des colonnes sur les bases
- — des colonnes sur les As
- — des bases sur les As.

— Les vides laissés dans les bases sont remplacés par des cartes venant en priorité du rebut et s'il n'y en a pas :

- — des colonnes
- — ou du talon.

— Les cartes distribuées à partir du talon vont former un **rebut unique,** figures découvertes, la première carte étant disponible pour aller sur les bases ou sur les As.

— Enfin importante recommandation : les **vides** laissés dans **les colonnes ne sont pas remplacés,** car le but final du jeu est de grouper tout le paquet sur les 4 As, par familles, jusqu'aux Rois en supprimant les colonnes et les bases.

LA CLEF DE VOUTE (La Voûte)

52 c. 15 min. ★★★. 1 sur 5. (pl.)

Voici pour terminer, une dernière réussite « casse-tête » qui demande réflexion et prévision.

On distribue une rangée de 7 cartes, figures découvertes, puis chevauchant sur la 1re rangée, 6 cartes (en ne distribuant pas de carte sous la 4e carte de la 1re rangée). On donnera ensuite 4 cartes, chevauchant sur la 2e rangée (en ménageant deux vides sous la 3e et la 5e carte de la 1re rangée) et enfin une carte sous la première et la dernière carte pour que l'ensemble ressemble à une voûte (Fig. 18).

Seule la carte du centre n'est recouverte par aucune carte : c'est la clef de voûte.

Le but de cette patience est de réussir à construire tout le paquet sur cette carte unique.

— Les cartes étant chevauchées verticalement seules celles du bas sont disponibles.

— On posera sur la clef de voûte les cartes (disponibles) du tableau, du talon ou du rebut qui sont :

- de même famille et de valeur immédiatement supérieure ou inférieure (ex. : un 10 ♣ pourra recevoir un 9 ♣ ou un V ♣) ;
- de famille indifférente (mais aussi de même famille) et de valeur supérieure ou inférieure de 2 points (ex. : un 10 ♣ pourra recevoir un 8 ♠, ♡, ◇ ou une D ♠, ♡, ◇ : mais aussi un 8 ♣ et une D ♣).

— Les cartes du tableau qui vont sur la clef de voûte sont

Fig. 18 LA CLEF DE VOUTE

remplacées au fur et à mesure par des cartes du talon.

— Lorsque plus aucune carte du tableau ne peut être utilisée on distribuera les cartes du talon une à une pour aller former une pile de rebut.

— La première carte du rebut pourra être utilisée pour aller sur la clef de voûte ou pour remplacer les vides du tableau **par priorité** sur le talon.

Le jeu ne sera gagné que si l'on réussit à grouper les 52 cartes sur la clef de voûte sans être bloqué en cours de partie.

Une seule distribution du talon est permise.

TABLE DES MATIÈRES

	Nombre de cartes	Temps	Occup. d'esprit	Chances de réussir	Place	Page
4. LES CALCULS						42
Onze Heures	52	5 mn	★★	1/2	pl.	42
variante	52	5 mn	★★	1/5	pl.	43
La Calculatrice Electronique	52	15 mn	★★★★	1/5	pl.	44
Quatre-Vingt-Onze	52	10 mn	★★★	1/5	bp.pl.	45
Les Sept	52	5 mn	★★	1/3	bp.pl.	45
Décade	52	5 mn	★★★	1/2	bp.pl.	46
variante 1	52	5 mn	★★	1/10	pl.	46
variante 2	52	5 mn	★★	1/10	p.pl.	47
Onze à la Douzaine	52	5 mn	★★	1/2	pl.	47
L'Etoile	52	5 mn	★★	1/10	pl.	47
variante	52	5 mn	★★	1/3	pl.	48
Les Treize	52	5 mn	★★	1/2	p.pl.	48
variante	52	5 mn	★★	1/5	p.pl.	48
La Pyramide	52	5 mn	★★	1/3	pl.	49
Le Puzzle	52	5 mn	★★	2/3	bp.pl.	50
La Quinzaine	52	5 mn	★★	1/3	pl.	50
5. LES CASSE-TÊTE						51
La Tour de Londres	52	60 mn	★★★★	1/5	pl.	51
Les Mots Croisés	52	5 mn	★★★	1/5	bp.pl.	51
Le Mouvement Perpétuel	52	60 mn	★	1/4	p.pl.	52
Portraits de Famille	52	20 mn	★★★★	1/5	pl.	53
Le Hic	52	5 mn	★★	1/7	pl.	53
variante	52	5 mn	★★★	1/10	pl.	54
Le Scorpion	52	15 mn	★★★	1/5	bp.pl.	56
Les Vides	52	15 mn	★★★	1/20	bp.pl.	56
Les As en Haut	52	2 mn	★★	1/10	p.pl.	57
Le Grand Parfait	32	10 mn	★★★	1/3	pl.	58
Les Rois et les Reines	52	5 mn	★★★	1/10	pl.	58
Le Pont d'Avignon	52	15 mn	★★★	1/3	bp.pl.	59
La Clef de Voûte	52	15 mn	★★★	1/5	pl.	60

DÉJA PARUS DANS LA MÊME COLLECTION :

APPRENEZ A TIRER LES CARTES
Edwige de BENAVIDÈS
BELOTE
Jean-Paul ISMIR
BILLARD
Jean-Paul NAHON
BRIDGE
Patrick ARNETT
DAMES
Jean CHAZE
ÉCHECS
Michel BENOIT
JEUX DE CASINO
Alain REMPFER
JEUX DE DÉS
Alain REMPFER
110 JEUX D'INTÉRIEUR ET DE PLEIN AIR
Cathy VINTHOIS
LOTO
Jean POLGILLES
MES PREMIERS TOURS DE MAGIE
Jacques DELORD
MONOPOLY
Maxine BRADY
PLIAGES ET JEUX DE PAPIER
W. REDER
POKER
François POLI
111 PROBLÈMES FACILES D'ÉCHECS
Michel BENOIT
SCRABBLE
Agnès BAUCHE
TAROT
Patrick ARNETT
RUBIK'S CUBE
Yves MERANE

ACHEVÉ D'IMPRIMER LE 16 JANVIER 1984
SUR LES PRESSES DE L'IMPRIMERIE LESCARET A PARIS-11e

Dépôt légal : 1er trimestre 1979
No d'éditeur : 670
No d'imprimeur : 26789
ISBN 2-263-00291-X